数字身份与
元宇宙
信任治理

冀俊峰◎著

北京大学出版社
PEKING UNIVERSITY PRESS

内 容 提 要

　　本书是一本介绍数字身份和元宇宙的普及型图书，力求专业性与通俗性相平衡。全书共八章，其中前四章主要介绍数字身份管理及应用，包括数字身份的相关概念及特性；身份认证管理、应用赋能及零信任安全管理；各国的数字身份实施；讨论数字身份在公共治理、商业服务等领域的应用价值。后面四章主要探究元宇宙框架及其信任治理，从 Web 技术架构的演变，介绍元宇宙的网络技术基础 Web 3.0，以及相关的数字身份模式的发展趋势；讨论元宇宙中的数字身份技术要素及形态特征，以及数字身份、数字分身等关键特征要素；探讨利用数字身份对元宇宙的信任环境进行治理的方法和技术；探讨如何构建元宇宙的信任治理规则。

　　本书适合对数字身份认证及元宇宙感兴趣的读者阅读。

图书在版编目(CIP)数据

数字身份与元宇宙信任治理 / 冀俊峰著. — 北京：北京大学出版社，2023.3
ISBN 978-7-301-33721-9

Ⅰ.①数… Ⅱ.①冀… Ⅲ.①信息经济－安全管理 Ⅳ.①F49

中国国家版本馆CIP数据核字（2023）第022413号

书　　　　名	数字身份与元宇宙信任治理
	SHUZI SHENFEN YU YUANYUZHOU XINREN ZHILI
著作责任者	冀俊峰　著
责任编辑	王继伟　杨爽
标准书号	ISBN 978-7-301-33721-9
出版发行	北京大学出版社
地　　　　址	北京市海淀区成府路205号　　100871
网　　　　址	http://www.pup.cn　　　新浪微博：@北京大学出版社
电子信箱	pup7@pup.cn
电　　　　话	邮购部 010-62752015　发行部 010-62750672　编辑部 010-62570390
印　刷　者	大厂回族自治县彩虹印刷有限公司
经　销　者	新华书店
	880毫米×1230毫米　32开本　8.25印张　218千字
	2023年3月第1版　2023年3月第1次印刷
印　　　数	1-3000册
定　　　价	49.00元

 序言

数字身份：元宇宙的航标，信任治理的圣杯

2020 年是一个不平凡的年份。这一年，新冠肺炎疫情的暴发打乱了人类社会的发展节奏，社交隔离加速了人们的工作与生活向网络空间迁移。与此同时，元宇宙的概念迅速兴起，资本纷纷入局，脸书、微软、英伟达等互联网巨头都加入这一新赛道。2021 年，Roblox 上市和脸书公司改名为 Meta 将元宇宙的发展推向高潮，让这一概念扩散到了产业界和投资圈之外，成为一个火爆全球的现象级话题。

究竟什么是元宇宙，目前还没有一个公认的确切定义，但大多数技术专家普遍认同，元宇宙将是新一代互联网，它是一个虚拟的数字空间，具有 3D 可视化形态，人们可像在现实世界一样在元宇宙中进行交互和创造；同时，元宇宙不仅与现实世界平行和同步运行，还会

关联和赋能现实世界。

元宇宙是下一代互联网的新形态。从网络技术架构看，当前互联网的形态源自 20 世纪 80 年代末英国科学家蒂姆·伯纳斯·李提出的万维网（World Wide Web，简称 Web），这也称为 Web 1.0。随后技术进步，发展成 Web 2.0，即移动互联网。最新提出的 Web 3.0 就是元宇宙的网络基座，在此基础之上，5G 通信和云计算让通信和计算成为像水电一样的基础设施，而大数据、人工智能、区块链、虚拟现实/增强现实（VR/AR）等技术的发展，让互联网发展进入一个新的转折点，元宇宙变革也就水到渠成。

元宇宙最主要的特征是拥有与现实世界类似的经济系统和社交环境，这其中，数字身份的作用至关重要。它可用于识别身份，将人们的个人信息、数字足迹关联起来，构建个人的数字身份和用户画像，以便政府、商业与金融等组织机构能够进行个性化互动和精准服务。在 Roblox 公司的 CEO 大卫·巴斯祖奇提出的"元宇宙"八大基本特征中，数字身份名列首位。国际咨询机构高德纳（Gartner）也将公民数字身份列为 2021 年政府应关注的十大技术趋势之一。

信任是现代经济社会运行的重要基础要素。与现实经济社会类似，元宇宙中充斥着风险和欺诈，黑客、暗网、电信诈骗等层出不穷，滋生出庞大的黑灰产业链。当前互联网面临着严重的垄断问题、网络和数据安全问题、隐私保护问题，很大程度上都是身份系统和信任治理的不足和缺失导致的。

当前，数字信任已经被纳入全球重要议程。《纪念联合国成立75周年宣言》就曾呼吁各国通力合作，解决数字信任和安全问题。欧盟在其整体数字化转型的宏观战略中，将强化信任和安全列为主要目标。数字身份对于元宇宙来说是关键基础设施，而去中心化数字身份被称为数字信任治理的圣杯。

本书是一本介绍数字身份和元宇宙信任治理的普及型图书，力求专业性与通俗性的平衡。全书内容共分8章，其中前4章主要介绍数字身份的管理及应用。第1章介绍数字身份的相关概念及特性，第2章讲述身份认证管理、电子签名、KYC（客户身份核验）及零信任安全管理，第3章从全球视角，介绍世界各国的数字身份实践（包括联合国和世界银行的项目），第4章讨论数字身份在公共治理、商业服务等领域的应用价值。

后面4章的内容主要探究元宇宙框架及其信任治理体系。第5章从Web技术架构的演变出发，介绍元宇宙的网络技术基础Web 3.0，以及相关数字身份模式的发展趋势。第6章讨论元宇宙中的数字身份技术要素及形态特征，以及数字身份、数字分身等关键特征要素。第7章研究了通过数字身份进行元宇宙信任治理的方法，包括去中心化身份、用户自主主权身份、跨链技术和数字身份聚合技术等。第8章探讨如何构建元宇宙的信任治理规则体系，涉及伦理规范、DAO（一种全新的人类组织协同方式）治理的制度和章程、法律法规和标准协议等方面。

本书主要为政府部门、公共及商业服务机构的数字化战略规划及决策提供借鉴，也可以作为高校教师和学生开拓视野的参考资料，还可用以了解当前元宇宙以及数字身份、信任治理的相关理念和方法，了解如何保护个人隐私和权益。

本书的写作得到了很多单位的朋友和同事的帮助，感谢华文未来公司在选题策划方面的帮助，感谢国家信息中心的陈月华提供的很多相关素材。

最后值得指出的是，书中提出的观点、方法及建议都是个人思考或设想，不代表任何组织或机构的立场，也不构成任何投资建议。书中可能会有一些错误或不妥之处，还请各位读者批评指正。

目 录
CONTENTS

元宇宙信任
治理体系

<u>171</u>

元宇宙信任的
规则治理

<u>214</u>

1

数字身份
概览

Metaverse

在现代社会，身份是人们各种特征属性的集合，比如身份证是人们在各种交易过程中，识别和确认身份、建立信任关系的基本凭证。随着互联网的出现，人们的身份和信任也需要数字化。进入元宇宙时代，数字身份的重要性会更为突出，数字身份将承载更多的价值和意义，也将面临更多的风险。

 # 何谓"数字身份"？

 ### 身份概念及来历

身份在英语中为 Identity，源自拉丁语 Identitas，意思是"同一（Same）"。Identity 这个词的中文翻译为"认同""同一性"及"身份"等。因此，身份在外延上强调主体的同一特性但同时其内涵又具有主体的差异性和独特性，这分别对应着福山在《身份政治》中提出的平等激情（Isothymia）和优越激情（Megalothymia）。比如我们的身份证，其样式风格、属性格式等都具有同一性，强调身份的认同。身份证代表着人与政府档案的关联关系，这既有对国家的认同，也反映了社会认同；同时每张身份证上面都有独特的名字、照片和其他属性，作为"我是我"的证明，凸显了其独特性。

关于身份最简洁的定义是西班牙皇家学院的说法：身份是一个人或一个群体的一系列特征，这些特征代表着人与他人的关系。

实际上，Identity 一词涵盖的范围很广，囊括了政治、经济、社会、文化、地域、心理及信仰等多个维度。Identity 还是一个哲学术语，有多重内涵，其在不同语境下的侧重点也相差甚远。这个词与中文中的"身份"在范畴上也有较大差别，中文中的身份通常是指人，而在信息技术中，身份不仅包括人，还包括其他主体，如网络及计算设备、系统及应用软件、数据或其他信息资产等。

◆ 数字身份

在数字经济时代，人类的经济和数据活动转移到了网络空间，传统身份认证体系难以适应数字经济的需求，传统人际关系、政府监管和市场契约等传统信任体系，将转变成以数字身份（Digital Identity）为核心的数字信息，这是对传统信任体系的突破和超越。数字身份通过识别、认证、签名、信任等功能，为人们在数字空间的各种交互和活动提供信任环境。

我们首先给出数字身份的一个定义：数字身份就是现实世界的人/物/系统等实体映射到数字/网络空间的、具有唯一性的标识符，以及实体相关属性的数字化表示。它是人们在数字空间进行识别和交互的一系列特征。具体来说，数字身份可以是我们的姓名、手机号、电子邮箱地址，也可以是系统定义的用户名、用户账号、数字证书等特征数据。本书讨论的数字身份主要有以下三种形式。

①网络账号数字身份。数字身份是一个网络数字空间概念，主要用于在网络中标识个人、组织及电子设备，最早的数字身份是网络中的计算机 IP 地址和域名，用于识别接入互联网的计算机，并通过用户使用计算机及网络的行为特征识别个人，但这种数字身份不能直接标识用户的身份。

网络账号通常包括用户名、口令以及权威机构颁发的数字证书等属性，用于鉴别用户身份的真伪。数字身份的使用范围可能限定于一台计算机、一个局域网系统，也可能只适用于一个互联网的网站或平台系统。用户要访问不同的网络社区和平台，就需要注册多个不同的身份账号，比如一个人有多个网购账号或者微博账号等。网络社区、公共服务、工作网络等也需要用户注册账号。

由于网络空间的持久化特性，其任何活动必然会在网络上留下印迹，这些印迹可以被认为是用户在互联网上留下的数字足迹，比如网络搜索或浏览记录、电商订单、社交聊天记录、银行流水记录、健康档案信息等，这些数据是数字身份的重要内容，反映了用户的行为特征和习惯爱好，蕴藏着巨大的社会经济价值，但也涉及很多用户隐私。

②全局性数字身份。网络账号数字身份通常局限于特定平台或网站，全局性身份体系通常为主权数字身份，其主要用于满足政府及经济社会治理的需要，由国家公安机关或政府管理机构签发，比如数字身份证、电子护照等。主权身份有两重含义：一是国家赋予本国公民的具有法律属性的身份，代表了公民的义务和权利，如纳税的义务、选举投票的权利等；二是社会阶层的身份，如学历、职务、职称等。主权身份的表现形式通常就是身份证，包含唯一的证件号码，以及姓名、籍贯、出生日期等个人属性。主权数字身份可以是数字化身份证，比如 eID、CTID 等，还可以是去中心化的可验证凭证，通常利用数字钱包管理。

③通用实体数字身份。在网络和信息安全领域，数字身份建立在更广泛意义上的"实体"空间，这些"实体"通常为重要资产，如人、服务、设备或者组织机构等。通过对网络信息资产进行全面数字化身份标识，可以实现对网络中各实体在统一的身份框架下进行全生命周

期管理。

在物联网空间，物品已成为重要的网络参与实体，为了便于治理物联网，网络中的每一个物品都需要按照一定规则被赋予特定的标识，这个标识就是物联网空间的数字身份。物联网标识符或物联网域名，是由 ISO（国际标准组织）、IEC（国际电工委员会）、ITU（国际电信联盟）共同提出的，用于对任何类型的实体对象、概念或者"事物"在全球范围内进行无歧义的唯一命名，并且一旦命名，该名称就终生有效。

数字身份的
相关形态

 个人信息

与数字身份密切相关的另一概念是个人信息（Personal Information）。《中华人民共和国民法典》（简称《民法典》）第一千零三十四条规定了个人信息的定义：

个人信息是以电子或者其他方式记录的能够单独或者与其他信息结合识别特定自然人的各种信息，包括自然人的姓名、出生日期、身份证件号码、生物识别信息、住址、电话号码、电子邮箱、健康信息、行踪信息等。

《中华人民共和国网络安全法》（简称《网络安全法》）和《中华人民共和国个人信息保护法》（简称《个人信息保护法》）中的定义与此基本相同。国家标准《信息安全技术　个人信息安全规范》（简称《个人信息安全规范》）（GB/T 35273—2020）中还详细列举了个人信息的范围和类型，其中还包括网络身份标识及信息、个人上网记录、个人常用设备等信息。

数字身份是个人识别信息。为了判定某项信息是否属于个人信息，《信息安全技术　个人信息安全规范》给出了两个判定条件：一是单独识别特定自然人身份的信息，如姓名、身份证件号码、个人生物识别信息、住址、联系方式、账号密码等；二是与其他信息结合识别特定自然人的身份信息，如出生日期、医疗记录、财产信息、征信信息、行踪轨迹、住宿信息、健康生理信息。

欧盟将个人信息表述为个人数据（Personal Data）。欧盟的《通用数据保护条例》（简称 GDPR）就是一部个人数据保护法，其中对个人数据的定义如下。

个人数据指的是任何与已识别或可识别的自然人（数据主体）相关的信息；可识别的自然人是能被直接或间接识别的个体，特别是通过诸如姓名、身份证件号码、位置数据、网上标识，或者与该自然人的身体、生理、遗传、心理、经济、文化或社会身份有关的一个或多个因素。

欧盟对个人数据的定义范围很广，既有用户的识别数据，也有用户关联数据，无论是在线还是离线，所有数据都在条例的保护之下。数据是否属于个人数据还应基于语境来判断，比如住房的价格，作为统计数据中的房价不属于个人数据，但在财产税的申报表中，这个房价就是个人数据了。

通常数据和信息在含义上有一定差别，数据一般指未处理的原始数据，信息则是数据经过分析处理的结果。但欧盟 GDPR 中的个人数据与我国《个人信息保护法》及《个人信息安全规范》等所称的个人信息，无论是概念还是界定标准，几乎都是完全一致的。在当前语境下，这两个词没有本质区别，如果没有特殊说明，本书不对这两个词进行区分。

隐私是个人信息最重要的部分。我国《民法典》第一千零三十二条第二款将"隐私"定义为：

自然人的私人生活安宁和不愿为他人知晓的私密空间、私密活动、私密信息。

个人隐私与个人隐私权相联系，属于人格权之一。个人隐私保护就是通过保护个人私生活秘密，来保障个人私密空间的安宁，不受他人非法干扰；保护个人私密信息，使其不受非法收集、刺探和公开等。

个人隐私信息通常都是个人敏感信息。我国《个人信息保护法》《个人信息安全规范》都给出了个人敏感信息的定义、判定方式（如泄露、非法提供或滥用），以及可能造成的后果（导致个人名誉、身心健康受到损害或歧视性待遇等）。敏感信息的类型主要包括个人生物识别信息、宗教信仰、特定身份、金融账户、医疗健康、行踪轨迹、性取向、婚史、未公开的违法犯罪记录、通信记录和内容、通讯录、好友列表、群组列表、网页浏览记录、住宿信息、精准定位信息等。

GDPR 依据敏感性对个人数据进行了分类，第一类包括种族、民族、政治观点、宗教信仰、工会成员资格；第二类是生物特征类数据，如基因数据、生物特征数据；第三类涉及健康、性生活、性取向的数据，GDPR 将其定义为特殊类型个人数据，其处理要求更为严格。

隐私与信息安全密切相关，信息安全主要是对数据资源的防护，而隐私主要对用户身份和个人数据的保护。随着个人数据的价值越来越大，隐私保护的紧迫性和关注度已经超过了传统的信息安全。

◆ 数字身份与个人信息

人是数字空间活动的主体，每个人都应该拥有一个属于自己且无法被篡改的数字标识。对于个人来说，数字身份具有双重属性，一是个人身份标识，用于身份认证和授权；二是个人信息数据库，既包括个人的基本情况，还包括个人在网上的行为产生的数字记录，以及与个人有关的其他数据，比如其所驾驶的智能汽车的车况、其所在地区的天气情况等。可见，个人信息与人的数字身份就像一枚硬币的两个面，这两个概念既有区别，又相互依存。个人信息可为数字身份提供身份认证所需要的相关属性，数字身份则通过身份认证和授权保障个人信息的安全。其主要区别如下。

第一，两者的范围不同。数字身份的主体包括人、组织机构及设备，还有系统、服务、应用等，而个人信息的主体只能是自然人。对于个人来说，数字身份和个人信息的属性内容大部分重叠，相互补充。数字身份侧重强调个人的当前属性，而个人信息则包含个人历史信息，由于时过境迁，这些个人信息在数字身份系统中应用不多。如一个人升职后，其身份属性就变为他当前的新职务，但个人信息则包括他担任过的职务。还有电商订单记录、聊天记录等也都属于历史数据，这些数据对于个人来说意义不大，但对于互联网和大数据平台来说，就是个人大数据，可以提炼出反映个人性格特性和习惯爱好的数字画像，具有很高的商业价值。

第二，两者的使用目的不同。数字身份常用于网络与信息安全防护方面，比如用户身份辨识、认证、授权或访问管理等，以保护包括个人信息在内的各类信息资源的安全；个人信息的主要目的往往是利用大数据分析技术对个人数据进行分析、处理，获得个人数字画像，并将其应用到商业服务、政务服务、社会治理等领域，以释放其潜在的价值。

第三，存在的形态不完全相同。数字身份通常在数字或网络空间存在，基本都是完全数字化的形态；而个人信息尽管也多在网络上产生、处理和使用，但也有很多个人信息存在于物理空间，比如私人信件、日记等。

◆ 数字脚印

当你在使用计算机、手机或其他智能终端设备访问互联网时，就不可避免地要留下很多数据痕迹。比如你在网上注册账户，需要上传各种个人身份信息，甚至人脸、指纹等生物特征信息；你浏览网页新闻、在网络社区发表的观点评论；在社交平台上的聊天记录，发布的文字、图片、视频等，以及点赞、转发等互动交流；你使用网上约车服务，系统会记录你的行动轨迹；你在购物网站的选购浏览、交易记录；可穿戴设备记录下你身体的各种指标数据等，这些都是你在网络空间留下的"数字脚印"。

数字脚印是个人信息的一种形态，按照产生方式可分为两种：一种是通过人与网络系统或通信设施的交互产生的，比如用户位置轨迹、通话数量及时长等；另一种是用户主动发布帖子、评论，或上传到网络空间的图片和视频等，其中地理标识照片往往包含何时何地拍摄、描述性标签，还有拍摄者的个性信息等。

互联网平台根据客户数字脚印可以绘制出用户数字画像，从而可以识别出用户的消费偏好、性格需求、经济状况等价值特征，进而推送相关的内容或服务来满足用户需求。数字营销方式针对性强、精准度高，效率和效益远超传统广告。剑桥大学和斯坦福大学的研究表明，基于足够的脸书（Facebook）点赞量，数据分析结果可以比你的朋友、家人甚至伴侣更好地判断你的性格特征。

根据数字脚印，可以推断出三项有价值的客户特征，分别如下。

①经济条件：从客户使用的电子设备和邮箱（包括手机设备类型、操作系统类型以及邮件服务商）可以了解其经济条件，比如使用新款苹果手机的客户，其经济状况往往较好。

②用户性格：通过以何种途径进入购物网站以及何时购买商品可以判断客户的性格。例如，来自比价网站的客户的违约率几乎是被搜索引擎广告引流过来的客户违约率的一半。

③声誉：包括是否进行"请勿追踪"设置、邮件是否包含姓或名、邮件是否包含数字、输入邮件地址或邮寄地址时是否全用小写、输入邮件地址时是否出现拼写错误。比如电子邮件地址中包含自己名字的客户违约的可能性低30%。

数字脚印还有更多应用。征信机构可以将其作为信用评分的依据之一，金融机构可以利用其发现哪些因素与客户违约有关。在印度，数字脚印被用于推进普惠金融，比如金融机构通过客户资金流和税务发票等信息综合判断客户的偿还能力，这样就能以合理利率为中小企业主或个人提供优惠贷款。

数字脚印还有一个特性，那就是持久性。在互联网上，每个人的数据脚印都不会随意消失，不同网站平台会共享、转载个人数字脚印，使其成为一种新型遗产，即数字遗产。区块链技术的出现更是标榜数据的不可篡改性，数字脚印更难以被删除。此外，互联网平台的数字脚印还可能会被黑客、黑灰产业的不法分子窃取利用，据此发现用户的个人弱点，通过欺诈手段对用户造成伤害。从这种角度看，数字脚印像是个人数据的"尾气"或"废气"。

用户画像

中文"用户画像"是一个承载多种含义的术语。交互设计之父 Alan Cooper 提出的 User Persona 是最早的用户画像，主要针对产品设计和营销人员，帮助他们从用户群体中归纳出典型用户。这更像一个需求分析工具。

本书使用的用户画像为另一概念 User Profile，也称数字画像，这是一个精准大数据分析工具。User Profile 是一种标签化的用户表示模型，首先通过归纳整合用户的各种数据，按照商业或其他需求，利用数据挖掘等技术，综合分析用户的各种情况，如个人偏好、行踪轨迹、访问网站或社交记录、工作绩效、生活习惯、健康或医疗记录、金融信贷记录、购物消费习惯等标识特征，最后构建出标签化的用户特征模型。给用户画像一般是打标签（Tag），而标签实际上代表用户某一维度的特征。

用户画像需要获得用户在多个网站或平台的数据记录，这个过程需要获得用户的全局性的唯一身份标识，比如身份证号，还可以通过手机号、用户账号等进行补充，以便获得更加完整的特征数据。一般来说，数据来源越多，用户画像就越精准，价值越高。

用户画像过程中最基础也是最核心的工作是构建标签体系，后续的建模、数据仓库搭建等都基于这个标签体系。这些标签都是人为规定的，不同行业、不同领域，甚至不同企业的标签系统都可能不一样，比如有电商类标签体系、金融类标签体系等。

用户画像的应用场景很多，比如通过挖掘用户兴趣偏好、人口统计学特征，可提升市场营销精准度、推荐匹配度和运营的精细化程度，为用户提供个性化产品或服务，优化用户体验。用户画像适用于潜在用户挖掘、新用户导引、老用户维系以及流失用户挽回等环节。

◆ 数字分身（Avatar）

数字身份是识别个人并使个人与数字空间中的其他人区别开来的属性特征，这类似我们在现实世界中的身份证；同样，在数字空间也有一个数字化的拟态自我，这就是数字分身（Avatar）。

数字分身最早出现在科幻电影和第一视角类游戏中。比如在电影《阿凡达》中，人们可以控制自己的数字分身，在虚拟空间从事各种活动。与用标签刻画内在特质的用户画像不同的是，数字分身重点强调用户的外在可视形象。在社交网站中，人们使用头像、皮肤或个性签名作为展示自我的方式。数字分身可以是2D卡通头像，还可以是与本人高度相似的数字模型，甚至可以只有上半身，比如脸书推出的《地平线》游戏。

数字分身与近年来兴起的元宇宙概念密切相关。元宇宙是新一代互联网的形态，主要特征是有着3D的界面环境，人们可以使用3D头显获得高度沉浸感和现场感，从而可在其中进行生活、工作和社交，其中的每个人都是以数字分身呈现，以便与其他人进行交流和互动。

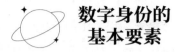

数字身份的基本要素

数字身份包括一系列基本要素，主要有数字身份标识、数字身份数据和属性信息声明，以及可信签字背书等。通过综合运用数字技术、密码学、隐私保护及机器可读等技术，来保证数字身份的安全性、真实性、一致性和准确性。

◈ 数字身份标识

数字身份系统的一项重要功能是**身份识别**，即将某个人的身份属性信息从数据库中识别出来。身份信任体系中的每个人都需要有一个独一无二的身份编码或标识符（Unique ID Number，UIN），如身份证号、护照号等，美国还可使用社会保障号。在互联网上，UIN 就是一种个人已识别信息，也是单独识别信息，包括账号、用户名、电子邮箱、手机号等，通过此类信息，任一数据项都可引导别人直接识别出你。有时还可以使用与用户关联的网络设备标识符，如计算机网络设备的MAC 地址、手机设备的统一编码、IP 地址等。

数字身份主要解决互联网上"你是谁"的问题，因而数字身份还应该是全局性的。当前，不同网站或平台都有自己的身份系统，需要用户注册一个账号，作为用户身份认证的凭证。这些账号构成一个个碎片化的数字身份，如银行账号、QQ 或微信账号等。用户身份标识的全局性可以让用户登录一次，就可以访问多个数字空间的资源和服务，并有助于对个人在不同平台产生的数据进行归集和分析。

从用户的角度看，用户在网上产生了很多敏感信息，如果被滥用或泄露，将造成难以预料的风险和损失。因此，用户往往不希望使用个人真实信息。有些已验证标识，比如身份证号码，隐含了个人出生日期，就有泄露个人隐私之嫌。对于个人可识别信息，比如用户的性别、年龄、婚姻状态、邮政编码等，这些信息项单独使用无法识别用户，但多个信息项结合起来，仍然有可能识别出用户真实身份，因此这些标识数据也应该受到保护。

认证机构在颁发数字身份凭证时，通常会根据个人身份信息，利用随机数加密计算出一个唯一代表用户身份的标识编码，该编码不应包含个人身份信息，也不能逆推出个人身份信息。

◆ 数字身份数据要素

数字身份要强调同一和认同，因而其数据格式通常为机器可读的结构化数据，以便于认证、检索和管理等。数字身份的数据格式主要包含三部分内容，首先是身份主体，比如用户；其次是主体的属性，比如姓名、年龄、学历、职业等；最后是属性的数值，比如年龄数值为"30"，就意味着一个人声称自己的年龄为 30 岁。这种表述形式被称为声明，多个声明关联起来形成关于主体属性的信息图，可描述主体属性的复杂关系。

身份属性及其数值体现的是主体的各种真实信息，这也是数字身份的核心。根据应用的场景不同，身份属性具有多个维度或类别。国家法定基础性数字身份通常包括以下两个维度。

①人口档案：主要包括姓名、性别、民族、年龄、住址及联系方式等，这是身份管理的基本属性。

②生物特征：比如人脸照片及识别、指纹、虹膜、DNA 等直接关系个人生物特征的属性。

功能性数字身份除了包括基础性数字身份信息外，还需要按照应用场景提供特定信息，比如对于求学或求职的场景，要提供文化程度、职务、职称等。

◆ 数字身份证明要素

一个人的身份声明若要让别人信任，就需要有证据支持。现实社会的契约信任可以通过签名或签章的方式表明自己的身份和意愿，重要的声明还需要第三方权威机构的认证背书，比如签署合同协议、颁发证明证件等。

同样，数字空间也需要数字化签名和证书。但由于数字空间数据的易复制性，不能简单地以传统签名的图像数字化实现，而是利用密码学原理，以加密数据的方式实现，保证签名难以伪造或篡改，这就是数字签名和数字证书，也是数字身份的重要基础。因此，数字身份本质上应该称为数字加密身份，其核心在于"加密"。

①数字签名：数字签名的技术以密码学算法为基础。密码学算法通常分为对称加密算法和非对称加密算法两大类。在对称加密算法中，数据的加密和解密使用同一密钥；非对称加密算法则需要一对密钥：公开密钥（即公钥）和私有密钥（即私钥）。私钥是随机生成的，可由它来生成公钥。如果用公钥对数据进行加密，只有用对应的私钥才能解密。公钥需要告知别人，而私钥只能自己持有。我们可以将公钥比作用户名，私钥相当于登录口令。

数字签名是采用非对称加密算法的电子签名，以证明信息确实由身份所有者发出。由于只有信息发送者拥有私钥，所以其无法否认发送过该信息，从而以技术手段防止交易中抵赖情况的发生。

数字签名常用于签署电子协议、合同、订单等，不仅可以识别签名人，还能证明签名人对文件内容的认可。按照《中华人民共和国电子签名法》，经过认证的电子签名与传统意义的签名具有同等法律效力。

②数字证书：数字签名使用过程中有一个可能的漏洞，即由于信息发送者 A 的公钥是公开的，它有可能被另外一个人替换掉，因此，需要有一个权威的第三方机构，颁发一个数字证书，把公钥与其所有者的身份信息关联起来，这个机构就是数字证书认证机构，通常要有政府背景或权威机构背书。数字证书认证机构需要在其所颁发的数字证书中添加自身的数字签名，以证明证书签发者的身份，实现对证书的背书。数字证书在功能上为数字证书认证机构机构出具的鉴定印章。

数字证书用于证明公钥确实对应其身份所有者，其中包含公钥持有者信息、公钥、签发者签名信息、有效期以及扩展信息。目前国际上对数字证书的格式及认证方法遵从国际电信联盟电信标准分局（ITU–T）X.509 体系标准，以此为基础建立的公钥基础（Public Key Infrastructure，PKI）是信息安全与信任服务体系的核心，目的是通过密钥和证书管理，构建网络信任环境。

数字证书按照持有者的类型可分为个人身份证书、企业或组织机构证书及服务器证书，分别证明相应主体在网络活动中的不同身份。数字证书需要具有三个特性：安全性、唯一性和便利性。通过基于数字证书的数字签名技术，既可以提供实体认证，又可以保障被签名数据的安全性和完整性，即确认数据无论是在传输还是在存储过程中都经过检查，确保没有被修改或调包。

◆ 数字身份凭证与载体

①数字身份凭证：在现实世界，人们的身份通过各种证件证照体现，既有国家颁发的法定身份凭证，如身份证、护照、毕业证、职称证、驾驶证等功能性身份证件，也有短期有效的准考证、选举投票身份证明等，作为某种资格或权益的证明。在数字空间，与这些证照对应的是数字身份凭证或电子证照，其包含了上述各种要素。

数字身份凭证管理包括一系列环节，如注册、签发、验证及管理等。其中注册通常由用户向专门机构发起请求，机构对身份凭证核验认可后，颁发数字身份凭证给申请人，并将数字身份信息记录到注册库。

②数字身份凭证载体：数字身份是虚拟的数字形式，在应用中需要物理载体。当前的数字身份载体有以下几种。

第一种以 USBkey 作为数字身份凭证载体。USBKey 是一种内置 IC 智能芯片的智能卡，其上有专门的中央处理器（CPU）和芯片操作系统，通常以密码学为基础，执行生成公私钥对、硬件数字签名等运算，安全性较高。USBKey 形式上类似 U 盘，可通过 USB 接口与计算机连接，其用于手机上的相应产品为 TFKey。更便利的方式是将智能芯片植入银行卡，称为 IC 卡或智能卡。智能卡可以通过读卡器或射频芯片实现无接触读取信息。

第二种是欧盟普遍采用的电子身份标识（electronic IDentification，即 eID），这是一种基于密码技术证明公民身份的专用解决方案。eID 通常以智能芯片为载体，由政府身份管理部门为识别和认证公民的身份而颁发。eID 可以通过网络提供远程个人身份识别和认证服务，能够在保障网络和信息安全的条件下建立数字化信任机制，成为公民打开各项政务和公共服务之门的钥匙。eID 还可以为私营机构提供身份认证服务。另外，eID 还允许公民使用数字签名来签署电子文件。

eID 载体同样可以为 IC 卡，被称为 eIC 或电子身份证；也可以使用手机 SIM 卡或 SIM-eID。电子身份证在外观形式上与普通身份证类似，也印有基本的身份属性，如持卡人的基本信息和照片，包括姓名、出生日期等，以供人阅读。eID 芯片中的数据供机器读取，可以存储有持卡人的基本信息和照片的电子版本，照片可有多张，以便从不同角度拍摄面部表情，用于人脸识别。eID 还可以存储持卡人的指纹、虹膜等生物特征，以及持卡人的电子签名等。

第三种是将手机 SIM 卡作为数字身份凭证的载体，这也是一种智能芯片，可存储用户的各种数据。

另外，随着 Web 3.0 和元宇宙的兴起，去中心身份应用将日益广泛。去中心化身份凭证称为可验证凭证，一般使用数字钱包作为载体，这是一种分布式应用 DApp，主要用于基于区块链的数字货币和数字身份的密钥管理。其是对数字货币或数字身份凭证的所有权的证明，一旦丢失，无法找回。

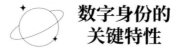

数字身份的关键特性

身份这一概念，经过几千年的文明沉淀，形成了一系列独有特征。在数字时代，数字身份被注入了新的内涵，其特征既对立又统一，是数字空间身份管理和信任治理的关键。

✦ 唯一性与多态性

每个人都有独一无二的身份特征，这也是身份实体能够被区分识别的基础。我们的身份证号、银行账户、网络账号等都是身份唯一性的体现。

最普遍的身份识别方法是基于人的生物特征，比如人脸特征，这也是现实中辨识人的主要方式，但因为古代没有照相技术，而人脸画像对美术技巧的要求很高，使用并不普遍，只在通缉重大罪犯时才使用。19 世纪后期出现照相技术后，很多国家开始利用人的照片来识别身份。到了现代，通过计算机进行人脸识别成为一种重要身份识别方式，这一技术的关键环节是面部特征的提取和匹配。由于人脸的特征具有高度复杂性和多变性，传统的计算机识别技术效率不高，也就很难在实际中得到广泛应用。2012 年，基于深度学习的人脸识别技术取得了突破，人脸识别进入了实用阶段。

另一种常用于身份辨识的生物特征是指纹和脚纹，这在现实世界使用的历史很长。19 世纪 80 年代，英国人亨利·福尔茨发现了指纹的两个重要特征：一是两个不同手指的指纹纹脊的式样互不相同，具有唯一性；二是指纹纹脊的式样终生不会改变，具有较高的稳定性。指纹识别技术在数字身份认证中越来越普及。

其他生物特征身份识别方法，如声纹、虹膜、视网膜、掌纹等，与指纹认证类似，也是目前生物特征身份认证的手段。

身份同时还具有多态性。数字空间具有虚拟性质，人的数字身份可以根据不同角色或场景构建多种不同的形态视图或凭证。不同身份适用于不同业务场景，比如金融交易、电商网站和社交 App 账号，可使用不同的口令或密钥。但这些不同的身份标识和凭证都应对应到同一个身份，身份信息可以通过适当的分享机制分享给服务提供方。

✦ 虚构性与真实性

身份本质上是人们虚构出的概念。以色列历史教授尤瓦尔·赫拉利在其所著的《人类简史》一书中指出，大约在七万年前，原始人类发展出复杂的语言、八卦能力，还有虚构故事的能力。虚构能力让人类可以共同参与想象，虚构出个人头衔、身份地位，甚至国家、制度、商业品牌这些概念，建立了初步的社会"信任"体系，同一部落的人们，甚至不同部落的人们都可以有效地组织起来，以实现大规模的社会协同合作，文明因此而出现了革命性的进步，这就是所谓的认知革命。由于这种虚构性，身份需要通过某种可见实物来体现，比如身份证或其他身份证件，如学生证、工作证等。

身份证也有悠久的历史。早在战国时期，秦国的商鞅就发明了历史上最早的身份证——"照身帖"，这是一块打磨光滑的竹板，上面刻有持有人的头像及籍贯信息，由官府发放，秦国每个人都有。可以说，商鞅是真正的"身份证鼻祖"。

尽管身份的概念是虚构的，但属性信息在很多情况下应是真实的。然而在现实中，很多人出于各种目的进行身份匿名或仿冒。互联网早期就以匿名著称，为此有人戏称"在互联网上没有人知道你是一个人还是一条狗"。人们在网上使用别名或匿名，提供片面或不真实的身份信息，目的是保护自己的个人隐私。当然，也有人出于恶意或非法目的，篡改或伪造身份信息。因此在需要身份信息真实可信的场景中，必须利用身份鉴别技术对身份的真伪进行识别、认证/鉴别。身份认证是构建完善社会信任机制的关键要素之一。

在历史上，最早的身份认证方式叫作"符"。传说符是姜子牙发明的，但它并非用于证明身份，而是调集军队的"权力凭证"或"兵符"，春秋战国时期使用的是虎形的兵符，即"虎符"，由国君与在外出征的将帅各持一半。当两个"符"合在一起并完全吻合时，即通过了身份验证。战国时期信陵君窃符救赵的典故，说明虎符作为身份和权力的凭证很难造假，所以需要挖空心思地去"偷"。

除了利用实物对人的身份进行识别验证外，历史上还有一种基于知识的身份验证方法，那就是口令，俗称密码。口令不仅准确有效，成本还不高，曾被广泛用于身份认证。比如《一千零一夜》故事中阿里巴巴的"芝麻开门"、三国时期曹操的"鸡肋"等，都是通过口令认证身份的历史实例。

口令也是现代网络和信息安全防护体系中广泛使用的身份认证方法，口令虽然有时被叫作密码，但这一方法本身保密性较差，很容易被泄露或窃取。真正意义上的密码是一种用来迷惑敌方的加密技术，它将正常的、可识别的信息转变为无法识别的杂乱信息。密码学的基础是数学，基于密码的身份验证技术安全性较高。

✦ 稳定性与可变性

身份认证最主要的功能就是对身份的辨识和验证，因此，在选取身份识别信息时，要求身份信息具有一定的稳定性。也就是说，身份识别信息应该在一定时间段内不发生明显变化，否则就可能需要频繁采集用户的身份信息。

在人的生物特征里面，面部特征具有相对稳定性。或者说，人的相貌在一定时期内一般不会经常发生大的变化。这也是人脸识别使用较为普遍的重要原因。

稳定性更高的生物特性当属指纹，指纹纹脊的式样甚至终生都不会改变。还有，每个人的虹膜纹理不仅独一无二，并且人在成年以后虹膜纹理几乎不发生变化，具有很高的稳定性。这类特征比较适合用于身份验证。

当然，身份信息不是一成不变的。有些身份信息的稳定性较低，具有一定的可变性或流动性，比如学历、职务、职业，可能会不定期地发生变动。在身份认证体系中，这类信息不太适合作为身份验证因子。

✦ 可追溯性与敏感性

人们在上网时，各种有意或无意的操作和行为都会被记录下来，因此会不可避免地在网络中留下一系列数字足迹，这些足迹具有持久性，特别是保存在区块链上的数据，具有不可篡改性，几乎不能被删除。通过数据足迹，就很可能追溯到个人的真实身份。

身份信息具有很高的敏感性，如果保管不当，我们就失去了对它的控制，就可能被他人用于非法用途，引发不可预料的风险，侵犯个人隐私权益。随着个人在网上花费的时间和发生的业务日益增加，数字足迹数据也急剧膨胀，这对个人身份的安全性提出了严峻挑战。人们通常利用密码算法对数字身份数据进行加密处理，以确保数字身份验证及信息安全可控。数字身份往往需要数字化的加密证明进行背书。

✦ 超域性与封闭性

与物理空间中的身份不同的是，由于网络空间的虚拟性，数字身份能够超越地理空间及时间上的局限。无论一个人身在何处，他的数字身份都可能一直伴随着他，即使他身在国外，也可以通过手机随时登录他在国内的微信账号、淘宝店铺等。

但当前互联网的数字身份还具有封闭性。不同网站或平台都建立了自己的用户账号管理系统，以便识别用户身份，同时还可以对用户大数据进行分析和挖掘，以便为用户提供个性化服务。但这带来了一些弊端，比如数据被滥用、价格歧视及数据泄露等问题，也导致用户的各类信息高度碎片化，进一步增加了数据泄露和被滥用的风险。

数字身份
管理体系

数字身份的应用需要完整的标准技术管理体系，其中主要包括数据管理模型或框架，并在此基础上构建完善的生态系统。

数字身份技术管理框架

2020 年 2 月，美国国家标准与技术研究院（NIST）发布第三版数字身份标准框架，其中定义了一个标准的数字身份管理模型。在这一模型中，数字身份管理被划分为两个关键过程：身份注册和身份证明、数字身份认证或鉴别（具体参见图 1-1）。

身份注册与身份证明的目的是给用户签发身份凭证，其可以是完全数字形式的，在线颁发，比如可验证凭证、数字证书；也可以是保存在物理载体上的，比如 U 盾、eID 卡、IC 卡、SIM 卡等。

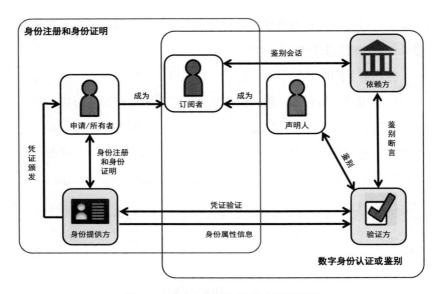

图 1–1　NIST 数字身份技术管理框架

资料来源：美国国家标准与技术研究院（NIST）

　　为了确保数字身份代表的个人身份的真实性，身份注册和身份证明的过程首先需要身份识别，通过身份标识确定身份声明信息的有效性，建立身份信息与主体的直接联系；其次进行身份核验，具体实现方式有现场人工核验、远程在线核验，或者通过独一无二的生物特征（如人脸、指纹、虹膜等）信息进行核验。也可以采用离线与在线相结合的方式进行核验。

　　身份核验中最关键的环节是收集和验证身份信息的种类及内容，这直接决定了身份核验服务的可信程度，在 NIST 的标准中，规定了三个身份保证级别，分别为 IAL1、IAL2、IAL3。为提高身份信息收集和验证的效率，我国的 CTID 和 eID 都是以法定居民身份证为信任根，直接采用身份证信息。

数字身份认证是用户提供身份"证据"，以证明自己就是数字身份凭证拥有者，其目的就是获得某个在线资源或服务的授权。最简单的方式是用户名/口令或手机号和短信验证码进行身份鉴别。还可以使用生物特征识别手段进行身份鉴别。证据类型不同，身份鉴别的安全强度也会有所差异。

数字身份的管理功能还包括身份信息的储存、更新，以及授权、注销等一系列事项。

数字身份的管理模式可分为两大类，一类是中心化数字身份系统，用户主要通过专业中介机构获得身份服务，最常见的是由在线商业服务平台创建的特定身份服务或由权威机构背书的数字身份服务，以及政府机构基于法定证件提供的数字身份服务；另一类是分布式数字身份系统，也称去中心化数字身份，这一模式没有集中的管理平台，而是通过技术手段建立信任。

◆ 基于数字身份的信任生态系统

生态系统最早是一个生物学术语，它描述了生物群落的相互影响以及它们和所处的环境之间的关系。后来，这一概念已经扩展到了互联网和其他经济社会，这种生态系统涉及不同参与者之间的相互作用，以及其与外部现实世界之间的关系。

基于数字身份，我们可以在互联网或元宇宙的数字空间构建生态系统，通过身份验证过程，建立人与人、人与设备、设备与设备之间的信任关系，让人们相信他们的数据仅在有许可的情况下被安全使用，从而使不同参与者能够协同工作，比如社交、交易等。

在一个良好的信任生态体系中，参与者包括个人用户、政府及公共服务部门、商业或社会机构等。从角色功能来说，大致可分为以下五类参与角色。

①身份提供方：主要是签发或提供具有身份标识的凭证的机构，通常为政府部门、商业机构或第三方身份服务机构，身份凭证在正式签发之前必须完成申请者身份的真实性验证。

②身份申请/所有者：向身份提供方发起申请，提交各种身份证明文件，以获得身份提供方认可的身份凭证，从而获得相应的服务或产品。

③身份声明人：在进行数字身份认证时，声称数字身份凭证所指向的身份的主体。

④身份依赖方：身份验证服务的提供者，既包括政务及公共服务提供者，也包括金融、商业、社交等在线服务提供者。

⑤身份验证方：基于授权和许可规则，提供数字身份信息验证服务的机构。

身份所有者是信任生态体系的主体，也应该是身份凭证的所有者和掌控者。但在互联网时代，数字身份都由互联网平台或身份服务平台控制。在元宇宙时代，数字身份将采用去中心化方式，身份提供将基于区块链或分布式应用程序来实现，无须数字证书机构等中介就可保障身份的完整性和安全性。但政府身份管理仍可能作为权威的身份授权机构。政府还需要承担监管者、促进者或联合者的责任，积极主动地采取措施，保护个人隐私、国家安全，确保数字身份和信任生态系统良好发展。

数字身份管理
技术及标准

Metaverse

综合运用数字身份管理技术及标准，如身份认证与访问授权，电子签名、电子身份核验，以及零信任安全等，可以在数字空间建立可信环境，关联其中的各种交互实体，赋能经济社会各领域。

身份识别与 访问管理技术

互联网超越国界，但并不意味着它没有边界。相反，当前的各种互联网平台系统更像中世纪的欧洲城堡，利用数字身份、信息安全技术标准规范构筑自己的"护城河"，成为"围墙花园"。对于希望进入其中的用户，需要像海关那样核验或认证身份，确定身份的真实性，并授权访问资源，这就是身份识别与访问管理。

◆ 数字身份认证方法与技术

身份认证或鉴别主要是确认用户所声称的身份是否与其真实身份相符合，赋予用户对系统资源相应的访问和使用权限，防止入侵者假冒合法用户身份非法获得访问权限，保证系统和数据的安全。

根据认证方式和内容的不同，身份认证主要可分三种方式，即你知道什么、你有什么，以及你是谁。

第一种认证方式是通过"用户名/口令"组合确定用户身份。这种方式简单便捷，也是最早的数字身份认证方式，目前大多数的网络应用登录仍然使用这种方式鉴别身份。

根据输入方式的不同，登录口令还分为静态口令、动态口令，其中静态口令不经常修改，身份一旦注册，静态口令就储存在数据库中长期有效。这种方式安全性较低；动态口令，如短信验证码，常用于安全性要求更高的场合，如银行转账。通过将用户口令和随机数进行加密生成一次性口令，并将其与服务器上进行相同操作后的结果进行比对，来实现身份鉴别。这种验证方式的核心思路是在登录过程中加入动态因素，使每次登录过程中传送的信息都不相同，提高了登录过程的安全性。

　　第二种认证方式是基于用户使用其持有的实物凭证，如智能卡。智能卡是一种内置集成电路的芯片，其中存储了与用户身份相关的数据，如身份标识、数字证书等，并利用加密技术使其具有不可复制性，银行卡、门禁卡、U盾等都属于智能卡。

　　其实，这种认证方式主要验证的是用户持有凭证的有效性，也称凭证验证，它不能确保凭证持有者确实是本人。因此，这一认证过程还需要比对用户掌控的秘密信息或口令。比如基于智能卡的身份认证采用双因子认证方式，即智能卡 + 身份识别码 PIN。这样即使智能卡被窃取，用户身份也很难被冒充，具有较高的安全性。

　　第三种认证方式是利用人独一无二的标识或特征进行身份识别。身份账号认证体系都需要身份识别，比如姓名、账号、用户名、身份证号等，可保证用户身份及信息的有效性，但不能保证人与凭证一致，也不能保证用户的"在场证明"。

　　人的生物特征，如人脸、指纹、声纹、虹膜、手指静脉，还有人的行为方式等，都是独一无二的，很难伪造，对其识别不仅可推断出用户身份，还可确保身份的一致性，这就是生物识别。人的生物特征一般具有较高的稳定性和唯一性，因而生物特征识别技术具有很好的安全性、可靠性和有效性。近年来，生物特征识别技术在全球都已从研究阶段转向应用阶段。

上述三种身份认证方式在实现、使用和安全性方面各有千秋。

第一，在实现复杂度上，基于口令的方式实现起来最简单，基于生物特征的方式最复杂，特别是人脸特征具有高复杂性和多变性的特点，传统的计算机识别技术效率不高，在很长一段时间里，人脸识别并没有在实际中被广泛应用。人脸识别的实用化要归功于人工智能领域在2012年取得的突破——深度神经网络。现在，人脸识别在技术上已经很成熟，其准确度已高达99.9%，远超人的识别能力。

第二，在便携性和易用性方面，人脸识别等生物特征技术最高，其次是基于口令的技术。智能卡需要随身携带，便携性不高，但易用性要比输入口令好一些。在识别用户的准确度和真实性方面，生物特征识别具有明显优势。

第三，在隐秘性与安全性方面，人脸特征、指纹特征的私密性较差，有可能在人没有察觉的情况下被采集，这固然能给用户带来使用上的便利，但也可能被别有用心的人窃取或滥用，所以其隐秘性最低。登录口令私密性最高，只要不主动告知别人或者写下被人获取，就很难被人窃取。但高隐秘性并不意味着高安全性，基于口令的技术在安全性方面最低，主要是文本口令很容易被窃取。智能卡等采取的密码技术安全性相对较高。

生物特征作为身份鉴别方式存在较大争议，特别是人脸识别，作为身份鉴别手段，使用方便，同时精准度也很高；但其弊端也很明显，因为人脸承载了人的很多权益属性，如肖像权、名誉权、人格权等，同时具有难以察觉和不可替代性的重要特征，如果有人窃取用户的人脸数据，即使用户能够发现，也无法换脸。有新闻报道售楼企业使用人脸识别随意监控客户，有些小区或公司将人脸识别作为唯一的进出身份验证方式，这存在很大的潜在风险。

2021 年年初，国内 RealAI（瑞莱智慧）团队就发现 19 款国产手机的人脸识别系统很容易被破解。在暗网黑市上，两元就可能买到上千张人脸照片，这些照片很可能构建出人脸特征。因此，生物特征识别需要进行活体检测，如要求用户做转头、眨眼等动作。并且，人的生物特征不宜作为唯一认证选项，中华人民共和国最高人民法院的《关于审理使用人脸识别技术处理个人信息相关民事案件适用法律若干问题的规定》和中华人民共和国国家互联网信息办公室的《网络数据安全管理条例（征求意见稿）》都对此做出了明确规定。

各种身份认证方式都有优势和劣势。为增强安全性，重要场合可将两种或以上的方式组合起来使用，这就是多因子身份认证。统计研究表明，有三分之二的年轻人愿意使用这种方式进行身份认证。

✦ 身份认证标准和协议

互联网具有显著的全球化特性，数字平台之间需要频繁交互，身份认证与授权往往需要互操作性，实现功能或数据的共享交换，这需要制定国际通用的技术管理标准和协议。

目前已经有很多互联网企业、国际标准化组织和联盟参与相关管理标准协议的研究和制定，如自由联盟（Liberty Alliance）、OpenID 基金会、OASIS（结构化信息标准促进组织）、W3C（万维网联盟）、ITU-T（国际电信联盟电信标准化组织局）、ETSI（欧洲电信标准化协会）、3GPP（第三代 3G 合作伙伴计划）和 IETF（国际互联网工程任务组）等，并且已经发布了一系列数字身份鉴别与授权相关的标准和规范。

单点登录（Single Sign On，SSO）是一种跨平台身份认证和访问控制机制。它通过简化操作，让用户无须注册多个凭证，仅凭同一套"用户名 / 口令"就能实现跨系统、跨网站访问。SSO 的优势在于使用快捷，管理方便。SAML（安全断言标记语言）标准致力于实现统一身份认证和授权的标准化，是业界广泛认可的 SSO 身份鉴别标准规范之一。SAML 是由 OASIS（结构化信息标准促进组织）安全服务技术委员会在 2001 年开发的，2005 年发布更新版 SAML 2.0。该标准包含一组协议或规范的框架，核心是基于 XML 的开源标准数据格式，它在不同安全域之间交换身份认证和授权数据，尤其是在身份提供者和服务提供者之间的交换，以建立信任关系。SAML 主要应用于企业级单点登录场景，在消费移动端应用不多。国家标准 GB/T 29242—2012《信息安全技术鉴别与授权安全断言标记语言》主要基于 SAML 标准。

目前在商业上应用最广泛的是 OpenID（开放身份标识鉴别）协议，这是一种以用户为中心或去中心化的身份认证标准框架，由非营利性组织 OpenID 基金会制定。OpenID 由可信身份信息提供方以类似 URI 或 URL（统一资源标识符或定位符或网址）的形式提供身份鉴别服务，用户只需注册一个 OpenID 账号，就可在多个网站之间自由登录，而无须重复登录。OpenID 具有开放、分布、自由等特性，能有效降低用户负担和服务提供方的身份管理成本。OpenID 的最新版是 OpenID Connect，不仅可实现身份认证，也可以提供授权功能（在 OAuth 的基础上）。其对应我国密码行业标准《GM/T 0069—2019 开放的身份鉴别框架》。

关于身份授权（Authorization）标准协议，目前被普遍接受的是 OAuth 2.0（开放的第三方资源授权协议框架），它的身份认证功能基于 OpenID Connect。也就是说，OpenID Connect（认证）和 OAuth 2.0（授权）组合起来，构成更完整的安全解决方案。2012 年 10 月，OAuth 2.0 协议正式发布为 RFC 6749。

OAuth 2.0 是一种"黑箱"认证标准，即允许第三方机构无须触碰"用户名 / 口令"就可让用户安全地申请资源授权。我们能够使用微信账户登录音乐平台，就是使用这一技术标准。OAuth 2.0 标准还可应用于云服务资源的访问授权。这对应着我国的密码行业标准《GM/T 0068—2019 开放的第三方资源授权协议框架》。

传统身份鉴别，无论是基于口令、智能卡还是生物特征，都需要通过用户和服务器两侧凭证匹配来实现。但这容易引发用户数据泄露、身份被欺诈窃取等风险。为此，人们提出 FIDO（在线快速身份鉴别）标准，不再依赖"共享秘密"，将身份认证信息在本地安全存储。

FIDO 1.0 是 FIDO 联盟在 2013 年推出的在线快速身份鉴别系列规范，支持两种协议，一种是 UAF，支持指纹、人脸、虹膜等生物特征识别；另一种是 U2F，支持 U 盾、NFC，以及类似口令 + 短信验证码之类的双因子认证。2018 年 4 月，FIDO 联盟和 W3C 推出了 FIDO 2.0。FIDO 2.0 能在各种网络设备和网站上运行，包括以下两个标准。

① WebAuthn（Web 身份验证）。这是基于浏览器的 API，允许 Web 应用以公钥加密，而非以口令的方式验证用户的身份。WebAuthn 还支持内置的身份验证器，如微软的 Windows Hello、远程身份验证器，或者 FIDO 安全密钥。

② CTAP（客户端到身份验证器协议）。这可视为 U2F（安全钥匙）

的升级版，主要是通过手机、USB 设备或计算机内置的平台认证器完成身份认证。

用户使用 FIDO 2.0 登录时，不再需要输入冗长的账号 / 口令，而是改用生物识别（指纹、虹膜、人脸识别等）技术和 U 盾等来实现无口令登录，可解决当前网络环境下认证设备之间难以互操作，以及用户需要创建并记住多套用户名 / 口令的问题。现在，FIDO 系列标准协议已经超越了业界联盟内部规范，上升为 ITU（国际电信联盟）/W3C（万维网联盟）的正式标准。

◆ 信任服务体系及其治理

身份认证通常基于信任服务体系，PKI（公钥基础设施）是在网络上建立信任服务体系的最佳途径。PKI 作为技术体系，是保证网络身份唯一性、真实性和合法性的技术标准。网络安全体系中的授权管理基础设施、可信时间戳服务系统、安全保密管理系统等都离不开其支持。

PKI 是 20 世纪 80 年代美国学者提出的理念，这是一种利用公钥概念和技术来提供信任服务的安全基础设施，具体包括管理机构、软硬件系统、人员、程序、策略和协议。PKI 通过颁发、管理公钥证书的方式为用户提供各种信任服务，如身份鉴别、加密及密钥管理，以及完整性和不可否认性服务，其核心要素是各种证书，包括数字签名、数字证书和加密密钥。

PKI 证书颁发机构主要包括以下几个。

①密钥管理中心（Key Management，KM），这是 PKI 体系的基础，主要功能是提供密钥管理服务。

②数字证书认证中心（Certificate Authority, CA），这是数字证书的申请、签发及管理机构，也是 PKI 的核心执行机构，其最重要的服务功能是签发数字证书，并权威地证明证书持有者和公钥的唯一匹配关系。为确保公信力，CA 必须具有高度的权威性、公正性和第三方属性。

③注册管理中心（Registration Authority, RA），这是 PKI 用户的注册和审核的权威机构，管理用户资料，接受用户的申请，并负责审核数字证书中用户标识的准确性。可以说，RA 是 CA 证书发放、管理的扩展，在用户和 CA 之间起着承上启下的作用。PKI 既是以公钥密码技术为基础的安全基础设施，也是相关标准规范的统称，包括定义 PKI 的基础标准和 PKI 的应用标准。PKI 基础标准体系包含很多标准，其最核心的标准是 ITU–TX.509（10/2016），这一标准主要规范了数字证书，内容包括定义公钥证书的数据格式、提出公钥证书框架和属性证书框架等。

PKI 作为应用广泛的标准体系，还包括一系列领域应用的相关标准。比如 PKIX 工作组所开发的 RFC 系列标准，以及 ISO 发布的 PKI 金融应用标准等。PKCS（公钥加密标准）是与 PKI 相关的一组技术标准，包括证书申请、证书更新、证书作废表发布、扩展证书内容以及数字签名、数字信封的格式等方面的一系列相关协议。

◆ 用户访问控制及授权服务

身份认证的目的是确定用户身份的有效性，而身份授权就是按照安全策略规定的权限对用户操作和资源访问进行授权，即在用户角色与系统中的用户操作权限之间建立映射关系，把用户身份职责转换到特定应用系统中的具体操作权限。

访问控制或权限控制是实施授权策略的机制，也是网络安全防护机制的核心内容之一。它的基本要素包括主体（用户）、客体（可访问资源）及授权策略，它决定了用户在系统中能访问哪些资源。例如，只有人力资源部门的成员才能访问员工的工资数据，前台人员没有权限查看工程项目文件。访问控制主要有两个目的：一是防止合法用户超越权限的操作，二是防止非法用户入侵。

根据授权策略的不同，访问控制有不同的模型。早期的访问控制模型有自主访问控制（DAC）和强制访问控制（MAC）。DAC 模型的授权思路是通过访问控制列表（ACL）将主体与客体关联起来，所谓自主是指用户对自己创建的资源对象，如目录、文件、数据等，拥有自主访问和控制权，并可将对这些对象的访问权授予其他用户，而不需要得到系统管理员的许可。Windows NT 和 Linux 等操作系统的授权管理都采用这一方式。DAC 模型实现简单，授权灵活，但缺点是权限控制分散，不利于统一维护，并且用户自主授权可能造成权限传递失控，易于遭受攻击，造成数据泄露。

MAC 模型是由美国军方和政府研制的，其原理是分别给主体和客体划定安全级别，比如非涉密、秘密、机密、绝密等，由此决定主体是否拥有对客体的访问权限。MAC 模型的优点是安全性较高，可防止用户滥用职权和木马攻击；缺点是灵活性较差，权限无法动态调整，授权管理很复杂，也难以避免用户恶意泄露信息。MAC 主要用于安全要求较高的军方或政府部门，不太适用于商业服务系统。

DAC 和 MAC 这两个模型都是将权限与主体直接关联起来，授权管理很复杂。后来，人们提出了基于角色的访问控制（RBAC）模型，它的最大优势是在用户和访问权限之间引入角色（Role）的概念，即依据安全策略，将访问权限分配到角色，再为用户指派角色。这样，用户就通过角色与权限间接关联起来，实现了用户和权限的逻辑分离，简化了授权管理步骤。RBAC 模型是目前常用的访问控制模型，但由于主客体之间联系较弱，可扩展性不强。

RBAC 模型中，一个用户可以被赋予多种角色，可能造成"角色爆炸"问题，且约束的颗粒度较大，有安全隐患。而基于属性的访问控制（ABAC）则是一种细粒度的访问管理模型。顾名思义，ABAC 基于属性定义的规则，实现权限分配，这些属性包括用户属性（如用户的年龄、职位等）、环境属性（如访问时间）、操作属性（如文件读取）、对象属性（如文件属性、元数据等）。

ABAC 主要针对的是系统中细粒度访问控制和大规模用户动态扩展问题，将实体属性这一概念贯穿于访问控制策略、模型和实现机制等各层次，并由此制定统一授权规则和访问控制约束，其灵活性和可扩展性较高，便于与其他访问控制模型结合（如 RBAC 等）。ABAC 的优势主要在于采用集中化管理，权限控制的颗粒度灵活。但由于所有要素均需要以属性形式进行描述，权限规则定义复杂，对使用和性能都有影响。

那么有没有更好的访问控制模型呢？那就是新型的基于策略的访问控制（PBAC），它通过将角色、属性结合起来，可灵活创建动态授权策略，并可使用许多属性来设定访问权限，兼具 RBAC 和 ABAC 的优点。美国国家标准与技术研究院（NIST）通过研究认为：PBAC 是一种新兴的访问控制模型，让企业基于抽象策略和管理要求，实施具体访问控制。

访问控制将权限授予用户后，用户还需要授权管理服务，以证明自己拥有对资源的访问权限，这需要权限管理基础设施（Privilege Management Infrastructure，PMI），通过向用户提供身份到系统资源权限映射功能，实现与应用处理模式对应的访问控制机制。PMI 的目的是简化系统的权限管理及访问控制的开发与维护，并降低管理成本。

PMI 将对资源的访问控制权统一交由授权机构管理。它是一个由属性证书、属性权威机构、属性证书库等构成的综合系统，实现属性证书的申请、签发、注销、验证等功能。PMI 属性证书可被分发、存储在非安全的分布式环境中，不能伪造，并防止被篡改。PMI 属性证书中的主要属性包括版本号、持有者 ID、颁发者 ID、签名算法、序列号、有效期、属性、扩展域、数字签名等，不包括公钥信息。

PMI 与 PKI 在模式和机制上类似，它们的区别在于，PKI 用来证明用户是谁，以及其身份的真伪，并将用户的身份信息保存在公钥证书中；而 PMI 则证明这个用户拥有做什么的权限，并将用户的属性信息保存在属性证书（又称管理证书）中。PMI 需要 PKI 提供身份认证。

PMI 通常使用基于角色的访问控制。ITU–T 2001 年发表了 X.509 标准第四版，制定了 PMI 证书标准。

数字身份赋能信任应用技术

在数字空间中，信任体系除了包括身份认证、授权外，还需要扩展身份应用技术，比如利用电子签名对数字内容进行确认或证明，保障其完整性和不可篡改性，如电子合同、数字版权等；在金融领域，通过电子身份核验，对客户账户及资金状况实施调查，遏制洗钱和恐怖主义金融，减少金融风险。

电子签名与电子签章

在现实中，我们无论是从事商务活动还是工作或生活需要，常常要签署合同、契约或文书文件等，为此我们就要以签名的方式在文件上留下自己独有的印迹，比如手写签名、印章或者手印等，其主要目的，一是识别签名者的身份，保证真的是本人；二是签名者对所签署文件的认可，保证为其真实意愿，且内容未被篡改。随着电子商务和社交的兴起，签名也需要迁移到在线数字空间，电子签名应运而生。身份认证主要核验人的身份，而电子签名主要确保数字内容的完整性、有效性和不可否认性。

我国早在 2005 年 4 月 1 日起就开始施行的《中华人民共和国电子签名法》（后于 2015 年和 2019 年进行修订，以下简称《电子签名法》）规定了电子签名的形式（电子形式），并从功能、效果的角度对电子签名提出了要求，但并未限定电子签名的具体实现方式或技术手段。尽管电子签名被称为"签名"，但无论是内容还是形式都与传统签名有很大的不同。当前电子签名的形式主要有基于密码技术的"数字签名"，以生物特征（指纹、声音纹、虹膜）提取数据为基础的"生物签名"，以及让收件人能识别发件人身份的口令、密钥或个人识别码（PIN），还有用户在电子邮件中输入名字，点击用户同意协议的"我同意"按钮，都属于"普通电子签名"，但安全性较低。其中数字签名是目前被法律界广泛认可的电子签名形式之一。

电子签名是电子商务的核心内容之一，其商务应用范围很广，比如合同签订、在线报税、在线结算、电子发票等，还可用于发送邮件、远程办公、政务办理等。电子签名的使用不仅简化了商务及办公流程，也提高了效率，还节省了时间、人力、差旅费、纸张、邮寄费等。更重要的是，电子签名不能被伪造或复制，也不能与文档分离，且一旦文档内容被修改，电子签名就会失效，这些特性都是纸介质签名所不具备的。但也有一些场景还不能使用电子签名，我国《电子签名法》规定了一些文书不得使用电子签名，比如涉及婚姻、收养、继承等人身关系的；涉及土地、房屋等不动产权益转让的；涉及停止供水、供热、供气、供电等公用事业服务的，等等。

鉴于电子签名的重要价值，世界各国很早就开始相关的立法了。如1995年俄罗斯制定的《联邦信息、信息化和信息保护法》和美国犹他州出台的《统一电子交易法案》（简称UETA）开创了电子签名立法的先河。

当前世界各国的电子签名法可分为两种类型：一种是专门的电子签名法，另一种是以电子签名为主的电子商务基本法。无论哪一类立法方式，其核心部分和最主要的目的都是确立电子签名以及电子认证的法律效力。

当前电子签名的法律效力主要有三种基本模式：第一种是技术中立式（Technology Neutral），主要以联合国《电子商务示范法》为代表，不限定技术实现，无差别地对待签名技术，只要满足一定条件，电子签名即具有传统签名的法律效力。这些条件包括：能够识别签名人的身份，并表明其认可所签署文件内容的意思；方法可靠，且对生成或者传输数据电文的目的来说是适当的。第二种模式是技术特定式

（Technology Specific），主要是因为当前技术条件下，数字签名在安全性、开放性和成本等各方面较为理想，就只规定了数字签名的法律效力，对采用其他技术的电子签名的法律效力未做规定。第三种是折中模式，在保持技术中立的条件下，对现有签名技术给出规范要求，兼具技术中立式与技术特定式两种模式的优势，这实质上是上述两种模式的混合体。

在当前全球化快速发展的过程中，电子商务的趋势是超越国界，即具有国际性，理想情况是构建一套全球统一的法律体系，而目前各国的现状却是分别立法，这阻碍了电子商务的繁荣与发展。解决这一问题的另一思路是不同法律体系之间具有一定的兼容性或者互操作性。因此，各国在进行电子商务立法时，兼容性是首要考虑的指标之一。这也是电子商务立法中往往先有国际条约后有国内法律的原因。

欧盟成员国众多，其电子签名必须强调跨境兼容性。1999年出台的《电子签名指令》属于指令（Directive），通常设定一个目标，各成员国有权选择是否落实到本国法规系统，因此，各成员国的电子签名体系并没有实现兼容，数字身份也无法实现跨国验证和使用。2014年通过的《电子身份认证和信任服务条例》（eIDAS）则是"条例（Regulation）"，实施后随即强制生效，无须再经过成员国内部通过立法落实。

eIDAS要求各成员国在一个共同的框架下，通过eID（电子身份证）及电子签名技术来构建信任服务体系，确保在线交易的真实性和安全性。eIDAS框架要求各成员国都对彼此的eID实现互认，以便支持各成员国之间的数据互访，这有助于提升跨境商务活动的便捷度。这标志着欧盟各成员国之间的电子身份互认计划正式开始运行，这也表明了欧洲构建数字单一市场的雄心。

电子签名法还需要对电子签名的可靠性设定条件。eIDAS 条例根据电子签名的使用场合，按照电子签名的可靠性，将其分为以下三个级别。

①普通电子签名，包括各类电子形式的签名形态，如电子邮件中的署名、含有手写签名笔迹图片的合约等简单电子签名形式。例如，电信营业厅在签署套餐合约时采用手写板签字就是普通电子签名形态。欧盟也认可普通电子签名具有法律效力，并要求司法体系不应单纯因为其电子的形式而否认它。但这种电子签名由于容易被质疑，甚至被抵赖，通常不建议在高交易金额、高违约风险的场景下使用。

②高级电子签名。更复杂的场合，可以采用更高级别的数据签名技术。高级电子签名要求签名数据必须唯一指向签署方，且能识别签字人的身份。高级电子签名要求采用加密技术保护签名数据，并可通过签名数据来验证文档的完整性，同时还要确保签名者对签名数据拥有唯一的控制权。欧盟的高级电子签名的场景条件等同于我国《电子签名法》中规定的"可靠的电子签名"。

③可信电子签名（Qualified Electronic Signatures，QES）。在高级电子签名要求的基础之上，还可要求采用可信的数字证书。可信数字证书必须由欧盟成员国认证和监管的可信服务提供商颁发。可信数字证书也必须存储在一个可信的电子签名生成设备上。可信电子签名与手写签名具有同等法律效力。eIDAS 要求可信电子签名采用三种格式：CAdES、XAdES 和 PAdES，在欧盟范围内的所有公权力机构只认可这三种格式的电子签名。

我国的《电子签名法》第十三条规定电子签名的使用需要满足以

下条件。

（一）电子签名制作数据用于电子签名时，属于电子签名人专有；

（二）签署时电子签名制作数据仅由电子签名人控制；

（三）签署后对电子签名的任何改动能够被发现；

（四）签署后对数据电文内容和形式的任何改动能够被发现。

当事人也可以选择使用符合其约定的可靠条件的电子签名。

由此可见，只要符合上述规定的电子签名技术，就是《电子签名法》认可的合规电子签名，与手写签名或者盖章具有同等的法律效力。

在实际中，人们常用到的电子签名形式为电子印章和电子签章，这是电子签名的一种可视化形态，先通过图像处理技术将电子签名操作转化为与纸质文件盖章操作相同的视觉效果，同时又包含电子签名，可辨识电子文件签署者的真实身份，使其不可否认，并能够保证签署文件的完整性。具体来讲，电子印章是一种有电子印章制章者数字签名的，包括电子印章所有者信息和图形化内容的数据；电子签章则是使用电子印章签署电子文件的过程。

我国已经制定并实施了电子签章技术国家标准。2020年10月1日，GB/T 38540—2020《信息安全技术　安全电子签章密码技术规范》正式实施，该标准规范了详细的电子印章生成流程、验证流程，以及对应的标准，同样还有电子签章使用流程及标准。

✦ KYC（客户身份核验）与普惠金融

金融安全的核心是风险控制。对于银行来说，由于普通民众和小微企业数量规模大，金融服务成本高，风险大，不愿意开展小额普惠金融业务。数字化金融服务将有助于促进普惠金融，这主要取决于两方面：一方面，数字化技术的普及应用大大降低了金融服务的成本；另一方面，KYC（Know Your Customer）的数字化转型也让银行的风险得到控制。

KYC 又称客户身份核验，其实它的英文原文很接地气，意为"了解你的客户"，它是一切金融服务的安全基础。KYC 源自巴塞尔银行监管委员会在 1998 年 12 月通过的《关于防止犯罪分子利用银行系统洗钱的声明》，明确要求金融机构实施 KYC，即金融机构在提供服务时应对客户身份信息进行采集和识别，要求客户必须如实申报账户所有人和受益人身份的真实情况，还要了解客户从事的业务、资金来源、风险情况等。2004 年，巴塞尔委员会将 KYC 作为银行风险管理和反洗钱（Anti Money-Laundering，AML）的基本原则。这一原则很快被世界各国金融监管机构所接受并积极施行，美国、中国等都已把实施 KYC 作为反洗钱的强制性法律义务。

实施 KYC 的主要目的有两个，一是保证客户身份信息的真实性，二是发现可疑或异常交易，以确保有安全风险的客户无法使用相关金融服务，并可在一些犯罪活动调查中为执法机构提供调查证据。

KYC 主要包括客户识别和客户尽职调查两大环节。

客户识别主要是客户（个人或企业）提供身份及相关信息和文档，KYC 部门识别并认证客户及信息；核实客户身份时，应使用可靠、独立的文件或数据，如中央登记库，验证客户身份证明文件的真伪，比对身份证明文件与客户的一致性；随后审核客户，即按照政府要求清单审核客户，并登记记录；然后核实实际所有人和 / 或交易的实际受益人的身份，确认拥有实际所有权和控制权的自然人是谁。

客户尽职调查的主要目的是调查并评估客户的风险等级，筛除因风险太高而无法与其开展业务合作的客户，确定目标客户。对于低风险或低价值客户，可以使用简化尽职调查；而对于高风险客户，应使用更为严格的增强尽职调查。

另外，KYC 还要求对客户账户和交易信息进行定期审查，持续监控可疑活动或其他高风险行为，并及时进行风险评估，以保证当前交易与客户业务及客户风险状况的了解相一致。如有必要，还需要确认资金来源。

KYC 原则不仅局限于客户，还扩展到诸如"雇员身份核验""代理人身份核验""关联方身份核验""第三方服务提供商身份核验"等，也可拓展到电子商务、招聘求职、政府/酒店/医院等行业的安保调查。

KYC 核验流程需要大量复杂的调查与核对工作，并要长时间反复地与客户沟通。当前很多金融机构的 KYC 和客户尽职调查等业务环节还依赖纸质流程及人工流程。因此，烦琐低效一直是各国银行和金融机构实施KYC的痛点，建立统一数字身份体系是提高KYC效率的捷径。反洗钱金融行动特别工作组在 2020 年 3 月发布的《数字身份监管指引》中建议，可采取基于风险的方法，将数字身份用于客户识别和验证，完善客户尽职调查。

印度的 Aadhaar 数字身份体系为金融机构实施 KYC 提供了基础设施和用户的生物特征数据库。在此基础上，印度唯一的身份标识机构（UIDAI）还研发了基于生物特征的 KYC 服务平台。通过银行账号、手机号码和数字身份号码，再加上数字签名、证书保险柜等一系列技术手段，可以实现主体间的数据信息共享，保障了用户身份信息的真实性与可靠性。这些举措不仅降低了成本，还提高了社会效率和效益。

使用大数据是实施 KYC 的有效途径。阿里巴巴的蚂蚁集团的信用体系是使用大数据分析技术实施精准 KYC 的范例。蚂蚁集团信用体系依托于其母公司阿里巴巴的整个消费生态体系，淘宝、天猫等电商平台产生的大数据是一个超级数据金矿，芝麻信用分就是利用这些海量个人大数据获得的 KYC 指标，从而实现对用户信用的精准判断。因此，蚂蚁集团的风险控制能力很强，从而能提供无抵押放款。蚂蚁集团的目标群体主要是普通消费者，要是借款人不还款，就降低其芝麻信用评分，再以限制其在阿里巴巴庞大的生态体系中的消费作为威慑，所以蚂蚁集团的坏账率极低。

KYC 合规过程还可使用人工智能。在审核评估客户个人申请资料时，可利用机器学习和大数据预判客户个人信息，获得客户的精准数字画像，从而提前洞察客户的实际及潜在需求，从而匹配客户所需要的产品和服务。例如，加拿大的 Trulioo 公司开发了一套客户身份识别解决方案 Global Gateway，可为金融机构提供电子身份认证服务。Global Gateway 主要利用机器学习算法来判断客户身份信息的真实性，协助金融机构满足 KYC 监管的合规要求。

总之，KYC 应该是普惠金融的保障手段，但其目标还是金融诚信，这与金融普惠的目标有一定冲突。如果 KYC 门槛设置得很高，银行就能筛选出优质客户，但这样会阻碍普惠金融发展。如何权衡风险控制与普惠金融是一个两难的选择，这就需要制定监管规范，保障弱势群体的合理权益。

基于身份的
零信任安全架构

⬥ 传统的边界安全防护模型

传统的网络安全体系通常基于网络边界的安全防护模型，其方法是，首先确定哪些设备或网络环境是可信任的，哪些是不可信任的，然后建立"网络边界"，把网络划分为外网、内网和DMZ（非军事化区或隔离区）等不同等级的安全区域，然后在边界入口部署防火墙、入侵检测系统（IDS）等网络安全防护设施，使不可信用户难以进入。

边界防护建立在一个假设之上，即内网比外网更可信，内网中所有可信用户、设备、系统和应用的可信度都是相同的。基于这种"过度信任"假设，网络安全防护措施的重点放在边界，却忽视了网络内部安全防护的重要性。这样，攻击者一旦突破网络安全边界进入内网，就如同进入不设防系统，畅通无阻。因此，攻击者往往会放弃代价高昂的强攻手段，转而瞄准内网中的计算机，采用邮件钓鱼攻击等方式，绕过网络边界安全防护措施，渗透潜伏到企业网络内部。根据美国最大的移动通信运营商Verizon的《2020年数据泄露调查报告》，外部入侵是数据泄露事件的主要形式，其中81%的黑客都是利用窃取的口令或者弱口令，轻而易举地获得资源的访问权限。很多黑客在完成攻击之前或之后，曾长期潜伏在内网，利用系统漏洞和管理缺陷逐步获得高级权限。

企业的内部威胁也不容小觑。我们通常认为的"可信"的网络内部也存在着各种风险和威胁，拥有访问特定业务和数据权限的合法用户，一旦出现凭证丢失、权限滥用或恶意非授权访问等问题，同样会导致数据泄露，所谓的可信网络其实并不可信。根据相关统计，内部威胁是造成数据泄露事件的第二大原因。美国加利福尼亚州旧金山的计算机安全研究所认为，60%到80%的网络滥用事件来自内部网络。

另外，当前企业网络越来越复杂，企业需要访问多个业务网络，移动办公和云服务等远程业务快速增长，导致企业数据访问方式的多样化和部署的分散化。比如，有的企业应用一部分在办公楼里，另一部分在云端，分布各地的雇员、合作伙伴和客户通过各种各样的设备访问云端应用。因此，随着云计算、移动终端、物联网的普及，传统的网络边界会变得越来越模糊，很多企业难以确立明确的网络边界。由于远程办公造成的数据泄露等安全事件越来越多，给企业造成重大损失。

◆ 零信任的安全理念与原则

针对边界安全模型的弊端，人们提出了新的防护理念、新的安全架构和新的解决方案，就是零信任安全[①]。

"零信任"的概念是由研究机构 Forrester 的首席分析师 John Kindervag 在 2010 年提出的，其核心思想是"从不信任，持续验证"。他认为，网络风险和威胁无处不在，每时每刻都可能发生，因此企业不应自动信任内部或外部的任何"人/设备/系统"，应在授权前对任何试图接入企业系统的"人/设备/系统"进行验证。

---

① 零信任的含义并非信任为零，可以将其理解为从零开始建立信任关系。

具体来说，零信任架构的本质是以身份为基础进行动态访问控制。可以说，零信任是对访问控制范式的颠覆，标志着安全架构从"以网络为中心"转向"以身份为基础"。

John Kindervag 还提出了零信任三原则，这从根本上革除了基于边界安全模型的弊端。具体内容如下。

首要原则是"不应依据位置区分网络"。具体来说，就是不再将位置作为安全防护的依据，而是将重点转移到"人"的身份；不再以一个清晰的边界来划分信任或不信任的设备或应用，甚至不再区分可信或不可信网络，也不再区分可信或不可信用户，一切流量都不可信，所有访问都必须采取安全措施。

因此，零信任通常是以身份而不是账户或者网络位置作为访问控制的基础；对所有主体，都要赋予数字身份，包括人员、设备、应用等，而不是仅仅对人员进行身份管理。

第二个原则是"最小授权策略和严格的访问控制"。具体来说，就是网络系统及业务应用都默认关闭所有端口，拒绝内外部的一切访问，只对合法客户端的 IP 定向动态开放端口，以直接避免任何非法的扫描和攻击。这些原则保证了数字资产、数字业务最小限度地暴露在网络中。

零信任资源授权应按需分配，秉承"最小化"和"够用即可"原则，仅授予用户完成业务所需的最小权限；消除特权账户，采用"三权分立"的监督制约机制。这些措施可极大地缩小被攻击的范围，降低安全风险，提高系统安全性。

第三个原则是"所有访问都应被监控和记录"。针对外部访问，不应一次性验证，而是持续验证，并且还要根据验证、监控结果，对访问进行信任评估和权限调整。这不仅保证了整个网络及资源的安全性，同时还提高了用户访问的灵活性、敏捷性、易用性，以及可溯源性、可扩展性。

依据用户访问的监控和记录，可评估用户的信任等级，这是零信任授权决策的依据。评估过程需要利用多种来源数据，如身份信息、日志及历史行为，综合计算信任等级。同时还需要对访问的上下文环境进行风险判定，对访问请求的异常行为进行识别，以对信任等级计算结果进行调整。评估分析使用的数据来源越多，得到的数据就越可靠，计算结果也就越准确。

除此之外，人们还提出了零信任的其他原则，比如"实时动态计算访问控制策略"原则，即基于身份、位置、权限、信任等级、环境上下文等信息，实时进行风险评估，并计算访问策略，实现动态访问控制；利用机器学习设置环境相关的访问策略，并自动调整和适应策略；还有"资源的细粒度受控安全访问"原则，对用户业务的访问控制要在应用层，而不是网络层；对所有应用、数据资源的每一个访问请求都要强制进行身份鉴别和判断，确保访问权限和信任等级符合安全策略，才可授权访问。

◆ NIST 零信任架构

2020 年 8 月，NIST 正式发布了 NIST SP800–207《零信任架构 ZTA》白皮书，提出了零信任架构的逻辑架构。我们参照 NIST 的架构，给出了一个零信任架构。这个架构主要包括三部分，分别是数字身份（主体）、访问控制、访问资源（客体），其中核心组件为访问控制，主要基于控制平面 / 数据平面模型，参见图 2–1。

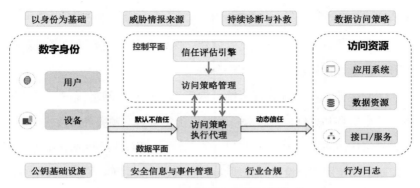

图 2-1　NIST 零信任架构逻辑构成

资料来源：NIST

控制平面主要负责协调和配置整个系统，相当于人的大脑中枢，它由信任评估引擎和访问策略管理这两个组件构成，主要实现动态信任评估和访问控制策略的动态制定。系统的其他部分都属于数据平面，主要包含所有访问代理、访问策略执行和防火墙等，它们负责执行访问控制策略，并处理网络中的所有流量和操作。

除了核心组件外，还有一系列支撑组件，以便为信任评估引擎提供策略规则和输入数据源，这既有本地数据源，也有外部数据源。这些支撑组件如下。

①持续诊断与补救系统：主要收集系统当前的状态信息，并将更新同步到系统配置中。

②行业合规系统：确保系统符合政府当前的监管政策法规。

③威胁情报流：帮助信任评估引擎访问决策信息。

④数据访问策略：制定关于数据访问的属性、规则和策略。

⑤公钥基础设施（PKI）：负责生成和管理系统对资源、应用等发

布的证书。

⑥身份管理系统：系统负责创建、保存和管理企业用户账号和相关身份信息，比如角色、访问属性等。

⑦安全信息与事件管理系统：搜集系统日志、网络流量、资源权限等安全信息和事件，通过分析数据以优化策略，预警外部攻击等。

零信任访问控制的机制是这样的：对资源发起的访问请求首先要通过控制平面，用户及设备都必须经过身份验证和授权。在这里，策略规则不仅是细粒度的，其信任评估还是动态的，即根据风险情况制定信任策略与规则。若访问更敏感的资源，就需要更强的身份验证。一旦控制了平面请求，它将动态配置数据平面，就可接受该用户（仅限于该设备）访问相关资源。

 实现零信任的主要技术路径

NIST 在其零信任白皮书中提出，实现零信任架构需要如下三项核心技术要素。

①身份与访问管理（IAM）。

零信任采用全面身份化，其技术基础就是 IAM。在零信任体系中，IAM 基于可信终端和唯一身份标识，构建身份信任链条，再通过细粒度的风险评估和授权，以最小权限实现动态访问控制。

IAM 是一项保障网络安全的基本和关键能力。当用户需要为他人或者应用系统授予自己资源的访问权限时，应根据访问需求，配置不同粒度的权限，并在其生命周期内对实体身份进行全方位的统一管控，其目标是确保"恰当的人和物，在恰当的时间，有恰当的权限，访问恰当的资源"。

零信任采用的 IAM 体系包括多种身份技术，比如身份认证、访问控制、身份治理和特权身份管理等，特别是 MFA（多因子身份认证）、SSO（单点登录）、动态访问控制、基于用户行为的风险识别，以及用户行为审计等。

②软件定义边界（SDP）。

SDP 的前身是美国国防信息系统局（DISA）的"黑云"架构。2014年，云安全联盟（CSA）发布 SDP 标准规范（SPEC）1.0，旨在"使应用程序所有者能够在需要时部署安全边界，以便将服务与不安全的网络隔离开来"。

SDP 是移动互联网和云时代网络的安全解决方案，主要解决"南北向流量"（即通过网关进入数据中心的流量）的安全问题。其思路是以软件方式构建一个虚拟的企业网络边界，通过对用户和设备的身份认证和访问控制，让企业应用和服务隐身，保障企业的数据安全。SDP 的定位是取代 VPN（虚拟专用网络）。谷歌的 BeyondCorp 模型、Gartner 的 ZTNA 都基于 SDP 理念。

SDP 架构主要包括 SDP 客户端、SDP 控制器及 SDP 网关这三个组件，其中 SDP 客户端主要负责认证用户身份，将合法的访问请求转发给网关；SDP 控制器相当于体系的大脑，负责管控身份认证及配置策略；SDP 网关只允许合法用户通过访问，可保护应用系统免受网络攻击。

SDP 在安全性上有以下几方面的优势，使之成为零信任理念的最佳实践技术之一。

首先，SDP 又被称为"黑云"，是因为它动态提供连接，并可控制和隐藏这些连接，实现"网络隐身"，将核心网络设施和资源都隐藏起来，访问者无须知晓资源的实际位置，使之不直接暴露在互联网中。

其次，SDP采用"按需授权"的原则，可最小化被攻击后的安全风险。

再次，SDP架构通过设置控制平面与数据平面，将访问控制和数据信道分离，可保护关键资源和基础架构，从而阻止潜在的网络攻击。

最后，SDP允许预先审查所有连接，控制从哪些设备、哪些服务、哪些设施可以进行连接。同时，这些连接是动态提供并可隐藏的。

③微隔离（MSG）。

零信任网络看起来像是"无边界"，但实际上，零信任网络是将边界从网络边缘转变成了一系列微小分段，从而将关键数据与其他数据隔离起来，强化了对关键数据的保护和控制。可见，网络边界仍然存在，只是粒度更细，因而这一技术被称为微隔离。

微隔离最早是由高德纳咨询公司提出的，它主要用来解决数据中心"东西向流量"（即内部服务器彼此互相访问）的安全问题，主要面向的是数据中心的群体，而非个体用户。

微隔离解决问题的思路是，通过细粒度的策略控制，灵活实现应用系统的隔离。在逻辑上将数据中心分割成尽可能小的安全段，然后为每个独立的安全段定义访问控制策略；其策略也是逻辑上的，规则可以作用到具体设备，网络流量控制可以作用到隔离的用户信道，在授权用户、应用系统和设备之间建立安全隧道。

微隔离还有可视化监控工具，可以让安全运维与管理人员掌控网络内部信息流动的情况，更好地设置策略，可防御黑客或木马病毒持续性、大面积地渗透与破坏。微隔离可有效缓解传统边界安全模型下的"过度信任"引起的安全风险。

　　微隔离在功能上类似 VLAN，即虚拟局域网，这是一种通过以太网协议将一个物理网络空间逻辑划分成几个隔离局域网的技术。与微隔离相比，VLAN 的隔离粒度较粗。

世界主要国家的
数字身份实践

Metaverse

在现实世界，身份证在经济社会中发挥着重要作用，它由政府部门签发，以便识别公民身份，提高经济社会运转和治理的效率。无论是金融、商业，还是教育、医疗、人力资源等领域，身份认证都是基础信任环节。在互联网时代，国家政府可通过打造数字身份体系，构建数字空间的信任环境，数字身份也就成了国家的关键基础设施之一。在元宇宙时代，数字身份更是重中之重，世界各国政府都在积极行动，以国家力量布局数字身份。

世界各国数字身份战略及实施

当前，世界很多国家正在制定数字身份发展战略，其中，欧盟起步最早，建立了完善的战略体系和标准化体系，应用实施也最为成功。美国作为互联网强国，也制定了体系较为完备的发展战略。

欧盟数字身份管理及实施战略

欧盟是世界上最早从战略层面开展数字身份相关研究与实施的国家集团。早在 20 世纪 90 年代中期，欧盟就开展了数字身份、电子签名的示范研究。

欧盟的数字身份技术及管理方案以 eID 为主。2006 年，欧盟委员会发布了纲领性文件《2010 年泛欧洲 eID 管理框架路线图》（简称《路线图》），这是欧盟推进 eID 的顶层设计方案。《路线图》首先确立了欧盟 eID 管理的原则和目标，即坚持以公民为中心、为公民服务以及保障公民隐私权这三大原则，建立能在欧盟全境范围适用的 eID 基础设施。《路线图》还从欧盟层面统筹指导各成员国实施 eID，并给出了可操作的分阶段推进实施路径。《路线图》提出基于生物识别技术，建立统一的 eID 认证管理体系，实现各成员国 eID 的互联互通及互操作。这样，欧盟任一成员国的公民持有本国 eID，便可在任一成员国享受医疗保险等公共服务。

2009 年，欧盟发布了《泛欧洲网络身份管理行动发展现状》，提出进一步推进 eID 的两项建议策略。

①构建欧盟 eID 统一认证基础设施，实现跨境身份认证，这一举措包括标准化倡议和互操作性倡议。

②建立跨境身份信息资源互换机制，打破当前成员国之间的法律壁垒，实现欧盟公民的自由流动和无国界生活与工作。

欧盟各成员国也都纷纷出台配套的政策法规，积极推进 eID 实施。目前，在欧盟 27 个成员国中，德国、比利时、意大利、西班牙、爱沙尼亚和荷兰等 19 个成员国都已经发行了国家 eID，方案模式有 14 种。其中，比利时、爱沙尼亚、德国、奥地利、意大利、西班牙等国家的eID 不仅起步早，且普及率高。如比利时人口约 1100 万，eID 的使用人数超过 900 万。爱沙尼亚的数字化程度不仅在欧盟领先，在世界范围内也名列前茅，其 eID 人口覆盖率高达 96% 以上，且相关应用及服务广泛，包括 600 多项公共服务、2400 多项商业服务。欧盟实施 eID的最终目标是在欧盟内部实现数字身份及信任服务的一体化。2014 年，欧盟通过《数字身份和信任服务条例》（*eIDAS Regulation*），将 eID身份认证、电子签名以及其他身份相关服务统一作为信任服务进行规制，从而在充分保护个人隐私及数据安全的基础上，为欧盟公民、企业和政府机构的跨境电子身份提供相互认证机制，并让个人在可信环境下分享自己的数据。

截至 2019 年年底，德国、意大利、西班牙、爱沙尼亚、克罗地亚和卢森堡 6 国已经实现了 eID 的跨境互认，即持有其中任一国家颁发的 eID，都可以跨境到其他国家获得与该国公民同等的公共服务，承认 eID 具有与传统纸质文件同样的法律效力。比如，芬兰公民可以持其 eID 卡在欧盟各国自由出行，享受 50 多种服务，并可自愿选择将其用于存储医疗保险数据，此时该 eID 卡可替代社会安全局发放的社会安全卡。但目前来看，eID 在全欧洲完全互认尚未实现。

随着区块链和 Web 3.0 技术的快速发展，欧盟还率先探索了基于区块链的去中心化数字身份技术。2018 年，欧盟委员会、欧盟成员国以及欧洲经济区的其他国家（挪威和列支敦士登）成立了欧洲区块链伙伴关系（EBP），其目的是共同努力，通过区块链技术，提供无缝的跨境数字公共服务。为此，他们共同创建了欧洲区块链服务基础设施（EBSI），这一计划最初集中开发四个特定的应用示例：欧洲自主身份框架（ESSIF）、文件公证、文凭认证和可信数据共享。

ESSIF 被欧盟视为 EBSI 的基石组件，可为所有欧洲人提供可信、安全和去中心化的数字身份。通过 ESSIF，成员国为公民颁发可互操作的欧洲数字身份凭证，并将其与国家数字身份证相关联，从而让欧盟公民在全欧洲获得相同的服务，无论他们在哪个成员国。2021 年 3 月，欧盟委员会发布《2030 数字罗盘：欧盟数字十年战略》报告，提出在 2030 年前实现所有关键公共服务以在线方式提供，所有公民均可访问电子医疗记录，让 80% 的公民使用数字身份。2021 年 6 月，欧盟委员会公布了《欧盟数字身份框架》倡议，提出成员国认可的公私机构应向公民、常住居民、企业提供"数字身份钱包"，用于管理证明个人信息的国家身份文件（如驾照、学历证书、银行账户）等，这样用户可自主选择与第三方分享其身份数据，在保证个人数据安全的前提下，轻松便捷地验证个人身份，并访问各种在线服务。数字钱包还将为即将推出的数字欧元铺平道路。倡议邀请成员国共同建立一个通用工具箱，包括设立技术架构、标准和指南。该项目由欧盟委员会主席冯德莱恩亲自领导实施。

欧盟在保护个人数据方面也不遗余力。2016 年 4 月，欧盟通过了《通用数据保护条例》（General Data Protection Regulation，GDPR），并在 2018 年正式生效。GDPR 对个人数据和隐私保护严格，且具有较高的可操作性。

欧盟还建立了合理的标准化体系框架。目前，欧盟已经建立了较为完善的数字身份和签字签名技术标准体系，内容涵盖 eID 格式、密码算法、签名设备、签名生成与验证、证书策略等。

另外，欧盟还重视网络应用的可信性和跨境互操作性，制定了可信服务标准，包括支持电子签名的时间戳服务、证书服务、签名生成和验证服务标准等；可信应用服务标准包括应用电子签名注册电子邮箱、数据存储、电子发票标准等；可信服务状态列表标准包括可信服务状态、可信服务提供商状态列表等。这些标准不仅在欧盟内被广泛使用，还对相关的国际标准产生了不小的影响。

◆ 美国网络空间可信身份管理战略

美国是世界上网络活动最活跃的国家之一，其对互联网的依赖程度居世界首位。美国的数字身份管理技术也是世界领先，但这主要是由互联网企业各自实施建设，像谷歌、苹果、脸书、推特等互联网平台，在世界范围内有超过 20 亿人的庞大用户身份数据库。

美国联邦政府和部分州内部在数字身份的应用上也比较成熟。2004 年，美国联邦政府发布了《国土安全总统令》第 12 号（HSPD-12），提出了一套数字身份管理标准策略。2009 年发布联邦身份、凭证与接入管理路线图和实施指南，主要用于美国联邦和州政府部门为公民提供政务及公共服务所需要的身份认证。

但迄今为止，美国还没有一个统一的国家数字身份管理体系，也没有相关的立法和制度。公民需要在政府机构、公共服务部门或银行的系统分别注册身份账号。身份认证方式和途径很多，如社会安全号码（即 SSN 号），还有护照、驾照等。这种碎片化的身份管理模式，不仅注册流程复杂，给民众和企业都带来诸多不便，难以适应数字化时代的需要，更重要的是，还有巨大的安全风险。

随着在线业务的爆发性扩展，在线诈骗、身份盗用等问题也层出不穷，网民、企业和政府对身份认证的需求日益强烈。2009 年 5 月，美国发布《网络空间安全评估报告》，着重强调网络空间的战略意义，指出美国面临的严峻网络安全形势；2011 年 4 月，发布了《网络空间可信身份国家战略》（NSTIC），提出要建立一套覆盖全美、以用户为中心的数字身份生态体系，允许个人、机构等各类实体参与者遵循统一的策略、标准和流程进行身份识别与认证，以保护用户隐私、降低网络交易成本，提高安全性。NSTIC 旨在保护电子商务、在线金融服务等，并打击在线身份盗用。

NSTIC 主张数字身份管理应该由私营机构主导，强调公民和机构自愿参与。联邦政府只是在项目启动、创新应用上做示范，并提供政策引导与保障。2014 年，美国在宾夕法尼亚、密歇根、加利福尼亚等州开展了网络身份认证的在线测试，并开展了相关法案的制定，内容涉及电子商务、居民健康、网上教育等领域。2014 年 12 月，联邦政府推出了联邦云凭证服务平台 connect.gov，主要目标是让私营机构连接到政府部门。2017 年，更为简单安全的 Login.gov 上线，取代了 connect.gov。Login.gov 作为政府信息服务的统一入口，只要提供邮箱和口令，即可访问政府部门的所有服务项目。为推进 NSTIC，NIST 还发布了数字身份管理标准指南，即 NIST SP 800-63-3《数字身份指南》、NIST SP 800-63A《注册与身份验证》、NIST SP 800-63B《身份鉴别与生命周期管理》以及 NIST SP 800-63C《联合与断言》等。其中 SP800-63-3 是一个总体性规范，定义了一个数字身份模型，主要包括注册和身份证明、数字身份鉴别两个关键过程。NIST SP 800-63A 和 NIST SP 800-63B 主要规范这两个过程的具体方法和措施。

◆ 世界各国数字身份管理实施概况

从政府治理的角度来看，实施数字身份势在必行。从世界范围来看，实施的效果千差万别。

当前，各国政府实施数字身份的方式大致可分两大类：一类是非集中式管理模式，没有一个唯一的权威机构对数字身份的注册、认证等环节进行集中管理，采用这一模式的大多为联邦制国家，如美国、加拿大、澳大利亚等；另一类是集中式认证模式，通常设立一个专门的机构负责数字身份的注册、签发、验证等环节，比如欧盟各国、印度、新加坡、俄罗斯等。

美国在数字身份管理技术上世界领先，但目前仍然没有建立起全国性的数字身份体系。有些州已经建设了州范围的数字身份，但各州的方案也不尽相同。美国希望通过第三方机构，以市场方式推行数字身份，但这并没有得到美国互联网巨头的积极响应。

与此类似的英国、韩国和日本等国，没有全面推行数字身份的主要原因是来自国内民众和反对党的强烈反对。瑞士国会在2019年通过法案，授权私企建立 eID 系统，但很多民众顾虑重重。2021年3月，经过全民公投，64.4%的民众对这一方案投了反对票。他们反对的理由是，如此大量的民众隐私信息被集中掌握到政府或企业手中，不仅可能造成数据泄露，更主要的是可能会被政府内部别有用心的人滥用，发展成为社会监控系统，限制个人自由空间，像英国作家乔治·奥威尔的政治讽喻小说《一九八四》中的那个极权统治者"老大哥"那样，监控人们的一言一行。

但近年来，采用国家统一身份管理、集中认证的方式的欧盟各国取得了显著成效。实践证明，只要有严格的个人数据保护的法律制度和运作规范，数字身份可以在保护个人的自由权利、保障社交和商业活动安全等方面发挥很大作用，民众在使用在线服务时得到了很大的便利。

2020年，突如其来的新冠肺炎疫情在全球迅速蔓延，打乱了全球经济社会的运转秩序。新冠肺炎疫情成为各国政府在"二战"后面临的最大挑战，频频封城封国，大批民众需要救济。在美国，不仅疫情失控，就连向7000万需救济的国民发放救济金竟然还要使用邮寄纸质支票的传统方式，以致骗子在多个州冒领补贴近十亿美元。反倒是一些不太发达的国家，如爱沙尼亚、印度、智利、泰国等国，在利用完善的数字身份和移动支付体系迅速援助疫情冲击下的贫困人口和工人，并用其辅助进行防疫抗疫工作。

数字身份应用效果良好的国家，包括德国、比利时、丹麦、芬兰等老牌发达国家，以及爱沙尼亚、印度等新兴国家。很多发展中国家，如智利、秘鲁、摩洛哥等国，其数字身份建设也得到了世界银行 ID4D 计划在技术和资金上的大力支持。

数字身份实施的典型范例

在已经实施数字身份管理的国家中，爱沙尼亚在模式上较为成熟，已基本实现了数字社会；印度作为数字身份的后发国家，政府采用了较为激进的推进策略，大大推动了印度的无现金社会发展；加拿大和澳大利亚则采用市场机制，由政府和私营企业共同推进数字身份的实施；而新加坡则通过智慧国家战略，学习借鉴先进国家的经验，取得了一定成效。

◆ 数字身份管理的"爱沙尼亚模式"

爱沙尼亚位于波罗的海东岸，曾经是苏联加盟共和国之一。1991年，爱沙尼亚独立，当时的国家信息化基础设施几乎是一张白纸。经过 30 多年的发展，爱沙尼亚在国家经济社会数字化转型方面取得了令人瞩目的成就。英国首席科学顾问报告认为，世界上第一个实现数字政府的国家就是爱沙尼亚。按照英国巴克莱银行 2016 年发布的"世界数字发展指数"，爱沙尼亚位居首位。在 2020 年版《联合国电子政务调查报告》中，爱沙尼亚的电子政务发展水平名列第三，其中电子政务参与指数名列第一。这些成绩很大程度上要归功于爱沙尼亚的 eID 的实施。爱沙尼亚数字身份驱动的国家数据共享平台 X-Road 被很多国家引进，加拿大银行家协会也建议加拿大的数字身份借鉴爱沙尼亚的成功经验。

①爱沙尼亚的 eID 身份实施策略。

爱沙尼亚数字身份体系与数字政府、数字社会一起进行整体规划。1998 年年初，爱沙尼亚议会通过了《爱沙尼亚信息政策原则》，这是爱沙尼亚建立数字社会的纲领性文件，也是国家数字化转型的规划。文件强调公私配合、共建高效信息社会的重要性。1999 年，爱沙尼亚启动 e-Estonia（电子爱沙尼亚）项目。这个规模宏大的项目致力于从零规划整个国家的信息基础设施，并着手将政府服务和公共服务从物理空间迁移到数字空间。

爱沙尼亚的数字化项目，包括数字身份项目都是在制定相关法律的基础上实施的。1999 年 2 月，为了配合实行国家电子身份卡项目，议会通过《身份证明文件法》，2002 年开始为公民颁发电子身份卡 eID。

数字签名也是 eID 的重要功能。爱沙尼亚 2000 年通过的《数字签名法》授予数字签名与手写签名同样的法律地位，要求各单位必须承认并接受包含数字签名的文件并对安全签名生成设备要做出了要求。为保护公民隐私，爱沙尼亚在 1996 年通过了《个人数据保护法》，规范了在个人数据的使用和处理过程中，保护个人权利和自由。同时还规定，每个人都有权自由获取任何公开信息。2003 年，爱沙尼亚为加入欧盟，对该法案进行了修订，以满足欧盟对数据保护法规的要求。

国民数字素养对数字身份的普及也很关键。为提高国民的数字素养，爱沙尼亚在 1997 年实施了《全国信息技术基础设施发展倡议》，也称"虎跃计划"，为所有学校，从幼儿园到大学，提供 100% 的互联网接入。所有老师，无论是幼儿园老师还是大学老师，都要接受互联网和 ICT 基础教育，将网络技能作为学校优先教育事项。2012 年，爱沙尼亚政府推出"编程小老虎"项目，对所有五岁以上的儿童开展基础编程知识教育。这些计划和项目对提高爱沙尼亚全民数字能力具有重要作用。

②电子身份卡（eID）及其形式。

爱沙尼亚数字身份的核心是电子身份卡或 eID。eID 既可作为物理身份证，也可作为电子身份证使用。相关法令规定，eID 以身份识别码（PIC）为基础，包含数字证书，供公民在网上进行数字身份认证；法令还特别要求 eID 支持数字签名。也就是说，eID 的芯片中包含两个证书，一个用于电子身份认证，另一个用于电子签名。eID 还包含持卡人的姓名和身份号码，身份认证证书还包含一个官方分配的电子邮件地址，这个地址对于每个持卡人来说是唯一的。就像身份证一样，每一位 15 岁以上的公民都必须领取 eID。

2002 年，爱沙尼亚开始发行 eID，这一年共发了 13 万张卡。2011 年，爱沙尼亚共发行了 120 万张 eID，而爱沙尼亚总人口有 130 多万，也就是说，爱沙尼亚政府已经将 eID 分发到了大多数国民的手中。此外，在爱沙尼亚的侨民也可以领取爱沙尼亚的 eID。

爱沙尼亚 eID 项目实施的参与者既有公共部门，也有私营机构。正式授权的 eID 管理者是爱沙尼亚政府职能部门，基础设施的维护单位是证书管理中心、两家银行 Hansapank 和 Eesti Ühispank 组成的联合体，以及两家电信公司 Eesti-Telefon & EMT 组成的联合体。证书管理中心是 eID 认证的权威机构，负责身份认证相关的服务工作，同时负责 eID 的发放，公民可以到指定的银行网点领取 eID。

爱沙尼亚政府要求公共部门提供的服务必须具有 eID 身份认证功能。政府对私营部门使用 eID 没有任何限制，其认证机制对所有外部开发者开放，鼓励对其进行拓展开发，这样任何机构都可以在自己开发的应用程序中利用 eID 进行身份识别和认证。目前，已经授权使用 eID 的应用有银行交易、合同签署、税务申报、无线网络认证、政府数据库的访问、建筑物自动门禁等系统。

2007 年，爱沙尼亚启动了"移动身份卡（m-ID）"项目，允许将手机卡作为 eID 使用。m-ID 是一种可被手机或其他电子设备识别的特殊 eID，和 eID 的法律地位是相同的。

与 eID 一样，m-ID 也包含身份证书，可用于识别与验证持卡人，并可对文件签署数字签名。m-ID 的证书信息存储在手机的 SIM 卡中。相比 eID，很多电子公共服务系统更希望用户使用 m-ID，因为其更为便利。除了使用手机的 m-ID，各种智能卡也可以用来承载 eID。

2014 年，爱沙尼亚向全世界所有人开放颁发 e-Residency（电子居民身份证），这是世界上第一种无国界数字身份证，爱沙尼亚还在卢森堡设立数字大使馆，存储备份了国家的财政、税收、社保、人口身份信息等重要数据。这些措施旨在打破国家的物理边界，在数字空间打造全球第一个数字国家。只要你申请到 e-Residency，你就成了爱沙尼亚的"电子居民"，你不仅会得到爱沙尼亚政府颁发的电子身份证号码，还可以使用爱沙尼亚的部分在线服务，比如可以在线注册欧盟公司，开拓国际商贸业务。这一项目旨在吸引国际人才和国际业务，并扩大爱沙尼亚的国际影响力。不过目前的 e-Residency 只能用于网络数字空间，使用在线数字服务，不能作为到爱沙尼亚或其他国家的护照或签证。作为真正签证使用的是 2018 年开始颁发的数字游民签证，这其实是爱沙尼亚的数字绿卡，专门颁发给可以跨国远程移动办公的数字游民，让他们可以在爱沙尼亚边旅游边工作。

③公共数字签名系统。

在爱沙尼亚，数字签名和纸质签名具有同等法律效力。为此，需要构建一个安全、易用的平台，方便机构、企业和个人添加数字签名，并可传输文件。爱沙尼亚开发了一个免费使用的公共数字签名系统 DigiDoc，允许用户创建数字签名，并可对签名进行鉴别、验证。

DigiDoc 包括一系列的程序库和最终用户工具，主要有时间戳、在线证书状态协议，数字签名的长期有效机制，签名文件格式及用于发放、处理和验证数字签名的系统。DigiDoc 采用基于 XML 的高级电子签名，定义了存储签名数据、数字签名以及安全属性等信息的结构，使用符合国际标准的 BDOC 格式，这是一种文本格式，使用 ZIP 算法压缩。DigiDoc 通过使用标准化的数据格式保证其互操作性。这些措施是为了保障机构之间、部门之间能够相互承认数字签名。为了保障安全，DigiDoc 使用 eID 对数字签名进行公钥加密，其加密算法具有很强的鲁棒性，符合欧盟最严格的安全要求。DigiDoc 系统使用流程很简单，用户首先使用 eID 或 m-ID 登录到系统，上传文件后即可添加数字签名，然后将文件发送给协议的另一方进行签名。文件可以是任何类型，包括文字、照片还是即时聊天信息，录制的语音文件也可以上传到 DigiDoc。用户上传的文件被存储到用户单独的文件夹中，只要用户登录系统，就可以看到自己上传的文件以及自己签名的文件。

数字签名在爱沙尼亚全国范围内可完全实现互操作，并且应用范围不局限于公共部门，企业或个人在签署协议合同、银行文件等也广泛使用数字签名。

 印度的"基础"数字身份管理方案

印度有 13 亿人口，是与我国人口差不多的世界第二人口大国。印度有很多个邦，很长一段时间内都没有国家统一发放的身份证，公民可以使用护照、驾照、PAN（永久账号，主要用于交个人所得税）卡等近 30 多种证件作为个人身份证件，种类繁多，功能效力和使用范围各不相同，这为政府的社会治理带来诸多不便。从 2010 年开始，印度的数字身份和移动支付异军突起，成为亚洲乃至世界互联网科技的黑马。印度的数字身份体系为 Aadhaar 系统，这个名字在印地语里有"基础""支持"等含义，印度为其数字身份项目选取这个名字，就是想将其作为促进国家经济发展的基础设施之一。

为推动数字社会建设，印度政府设立印度身份标识管理局（即UIDAI），由其负责建设全国统一身份认证体系。2010 年 9 月，印度正式启动 Aadhaar 计划，开始建设全球规模最庞大的生物身份识别体系。

Aadhaar 数字身份卡原则上"自愿申请、费用全免"，但印度议会在 2016 年通过《Aadhaar 法案》，授权政府将 Aadhaar 号码作为公民获取政府福利补贴的依据。Aadhaar 还是印度人的永久金融地址，与各种日常活动紧密关联，如果一个印度人不注册 Aadhaar 的话，几乎无法生存下去。比如开通银行账户、办理转账业务、注册上学，领取奖学金、养老金、福利救济金等，以及购买火车票、结婚登记、驾照申请等，都需要通过 Aadhaar 认证身份。这种"强制性自愿参与"的方式，也在很大程度上加快了数字身份的推行进度，还有助于政府遏制身份欺诈和福利腐败。

与其他国家稳步推进的方式不同，印度政府采取了一种激进的实施策略，一方面表现在推进的速度快，从 2010 年 Aadhaar 数字身份项目启动，到 2018 年，已经有超过 12 亿的印度人拥有了数字身份，而 18 岁以上的印度公民 99% 都拥有数字身份，从而使印度建成了全球规模最庞大的生物特征身份注册库。这也是除美国的谷歌、脸书等软件之外，唯一超过十亿人口，并由政府公共部门开发运营的数字身份数据库。

另一方面，印度政府对个人数据的采集范围也很激进，不仅采集了每个公民的姓名、地址、手机号等基本信息，还全面采集了他们的人脸照片、十指指纹、虹膜等生物识别特征。这些信息在很多国家通常在刑事案件侦查等少数领域使用，而印度则将范围扩大到了全体国民。此外，系统还收集了每个人的数字足迹，比如银行账号、手机号及详细信息、所得税申报表、选民身份证，这让很多人为其安全性担忧。

尽管 Aadhaar 数字身份体系在印度国内和世界范围内都引起了很大争议，但这一系统给印度带来的影响是巨大的。政府的治理效力有了明显提高，政务及公共服务的数字化程度有了很大提高，基于 Aadhaar 的移动支付呈爆发式增长，推动了科技创新和企业的蓬勃发展。

2020 年为应对新冠肺炎疫情，印度政府通过这一系统为贫困人口发放福利救济，到 4 月中旬就给超过 3.2 亿人发放了 40 亿美元的补助，发放效率优于美国、日本。印度的数字身份系统也因此引起日本的关注。日本政府正与印度政府密切合作，考虑借鉴印度的数字身份推广经验。

Aadhaar 身份体系的底层设施包括三项基本要素，简称 JAM，即 Jan Dhan、Aadhaar 和 Mobile，其中 Aadhaar 是一种数字身份，Jan Dhan 是国家为每个人建立的普惠金融账户，Mobile 就是移动手机。这三者相辅相成，构成了印度无现金社会服务与信任体系的底层框架。这一体系为印度的社会治理和经济发展提供了强有力的数字化支撑。

Aadhaar 包含一个 12 位的唯一身份识别码 UID（Unique Identity），以及姓名、出生日期、性别和住址等个人信息。为了确保身份证难以被仿冒或伪造，Aadhaar 还采集了持有者的人脸识别照片、十指指纹、虹膜等生物识别特征数据。但不记录民族、宗教、种姓、语言、福利领取记录、个人收入和医疗记录等。此外，Aadhaar 中包含一个二维码，便于第三方扫描和读取信息，政府部门、服务机构都可以据此到中央数据库进行身份认证。

Aadhaar 由印度规划委员会于 2009 年进行规划，数据采集、管理及 Aadhaar 卡发放则由多个注册机构承担，主要是银行及各类金融机构。这些身份数据存储在古尔冈市一个采取严密安全防护措施的数据中心。

Aadhaar 身份体系还与公民的银行卡绑定，在此之上建立了一套专门的统一支付体系，并提供了统一支付接口 UPI，只要知道对方的手机号，就可轻松实现跨银行系统的便捷支付和转账。

普惠金融账户 Jan Dhan，即 Pradhan Mantri Jan Dhan Yojana（总理的人民金融计划），是印度政府在 2014 年面向印度公民开放的金融普惠计划。由于经济落后，印度有大量穷人从未去过银行，更没有银行账号。Jan Dhan 的目的是给每个印度人开通一个通用银行账号，没有存款金额限制，这样普通民众不仅可以接收政府的各项福利，还能够使用金融及保险机构的各项服务，如存款取款、汇款收款、信用信贷、保险及领取养老金等。

Jan Dhan 账号以及其他银行账号都与 Aadhaar UID 关联，UID 再关联到国家金融支付接口 UPI 平台，连通到国家福利分配系统或者电子钱包及第三方金融科技机构开发的移动支付 APP。这样 Aadhaar UID 就能作为通用银行账号进行转账交易，而不再需要在不同的银行进行烦琐的身份注册和验证。

Mobile 是印度数字身份体系成功实施的关键。印度以其发达的 IT 产业闻名于世，但印度的计算机和互联网普及率都很低，其 IT 产业主要是承担欧美市场的程序外包业务，互联网只是在精英群体流行，而绝大多数的普通民众收入很低，很少能买得起计算机。

智能手机出现后，印度直接跳过 PC 时代，进入移动互联网时代。近年来，印度的智能手机市场成为增长最快的市场之一，截止到 2019 年 6 月，印度拥有 6.7 亿互联网用户，手机拥有量超过 11 亿部，仅次于中国。印度的年轻人居多，在总人口 13 亿中，40 岁以下人口约 10 亿，30 岁以下人口占总人口的 2/3。这些都为印度实施数字身份创造了良好的条件。

2017 年，印度推出 mAadhaar 应用程序，允许用户将自己的数字身份识别配置文件下载到智能手机，这样用户就可以通过手机认证身份，而不再需要随身携带实体卡片。

◆ 加拿大的数字身份管理体系及实施

加拿大的数字身份体系伴随着其电子政务的发展而建立，旨在保障公民隐私和信息安全，增强公民对政府服务的信任。

　　加拿大的数字身份权威机构是加拿大数字身份和验证咨询委员会（简称 DIACC），由加拿大的公共部门和私营机构共同组建。DIACC 制定了《数字身份生态系统原则》，并设计了一个数字系统访问的信任框架——泛加拿大信任框架（简称 PCTF）。PCTF 的主要作用是利用现有的标准、政策等，构建数字身份管理方案。

　　2018 年 5 月，加拿大银行家协会发布了《加拿大数字身份认证的未来——联合身份认证白皮书》，提出了加拿大建设数字身份体系的技术方案和实施策略。白皮书建议加拿大采取公私机构合作的模式进行数字身份的实施与监管，鼓励创新数字身份解决方案；还提出不建立集中式身份数据库，而是基于联邦模式，将个人身份信息存储在相互联通但又各自独立的不同系统中。用户进行身份认证时，可调用相应数据库，大大提高了认证效率。

　　2018 年 10 月，加拿大几大银行联合推出了数字身份认证应用平台 Verified.Me，其功能实现主要依赖于各银行及电信运营商的身份认证体系，使用了 OpenID、SAML、FIDO 等技术标准。用户首先选择信任的银行或电信运营商为自己创建数字身份，获得一个登录凭证，之后当某一网络服务需要用户提交身份信息时，Verified.Me 将允许用户使用其在银行或电信运营商获得的登录凭证访问其他在线服务。比如，用户在银行注册身份信息后，可以通过该银行的网上登录凭证访问税务网站，或享受预约医生、查看健康档案、租赁房屋等服务。

◆ 澳大利亚的可信数字身份框架

澳大利亚的数字身份管理实施主要由政府主导。在相关电子政务应用方面，澳大利亚强调政府各部门之间的相互协调，避免出现"信息孤岛"，这其中数字身份起到了关键作用。为了解决信息安全、身份认证和保密性等问题，澳大利亚还制定了联邦公钥基础设施（PKI）标准。2000 年 11 月，澳大利亚重建政府门户网站，以澳大利亚商业编码管理体系为基础，发放面向政府在线服务和电子商务的"澳大利亚商业编码 – 数字签名证书"，以简化商业与政府、商业与商业之间的在线交易流程。

澳大利亚基于 PKI 构建公民数字身份体系。这一体系采用非集中式的注册管理策略，即不建立国家中心机构验证公民身份。政府鼓励采用国家电子认证身份框架，但数字身份证书的发放主要根据公民的具体需求，比如最常用的是澳大利亚税务局发放的 MyGovID，还有澳大利亚邮政局颁发的 Digital iDTM。另外，澳大利亚在 2005 年之后发放的银行卡、社保卡以及公务员服务卡都具有公民身份卡的功能，这些身份卡可以通用。目前澳大利亚公民基本都拥有一张这种身份卡，可以进行在线纳税、医保结算等活动。

为打击网络欺诈、身份造假、网络攻击等不法活动，澳大利亚政府在 2007 年启动全国网络身份管理战略，其中国家证件验证服务（Document Verification Service，DVS）是其重要组成部分，主要用于实时验证公民身份证件是否合法、有效，证件中的数据是否与持证人一致等。这一系统不仅为政府部门的政务及公共服务提供身份验证，也能够为私营商业机构提供相应服务。2016 年，澳大利亚政府上线新的人脸验证系统 FVS，作为 DVS 的重要补充。评估表明，FVS 可以增强身份验证的安全性和可靠性，更好地保护个人隐私。

2017 年 5 月，澳大利亚政府发布了数字身份发展计划 GovPass，提出将在 2017—2018 财年内投入 2270 万澳元建立国家可信数字身份框架，建立应用更广泛的数字身份认证体系，以帮助公民取得数字身份证明，并对接现有 DVS 和 FVS 系统，方便公民使用政府提供的各项在线服务。

2017 年 11 月，澳大利亚政府的数字化转型机构发布《可信数字身份框架》，用于规范公民的数字身份信息管理。这一框架提出基于 eID 建立全国统一的在线身份认证生态体系，并提出了各参与方应该满足的要求，以及服务提供商需要具有的信任等级；同时发布的还有数字化身份信息的收集、存储与使用方面的安全性与可用性相关标准，最大限度地对个人数据和隐私进行有效保护。该框架共包括 16 份文件草案，涉及面向供应商的身份认证和证书要求、可信框架及认证流程、数字化身份验证要求、核心用户体验要求、隐私保护要求、风险与欺诈管理要求等。

◆ 新加坡：以数字身份推进智慧国家战略

新加坡以智慧国家或智慧城市而著称，新加坡的数字国际战略中，国家数字身份体系（NDI）的作用至关重要。新加坡的 NDI 框架主要包括两个子系统：SingPass 和 MyInfo。

SingPass 主要为公私机构的数字系统提供系统登录、身份验证、身份授权等服务，包括人脸验证等生物特征方式。早在 2003 年，新加坡就建设了国家数字身份验证系统（简称 SingPass）。SingPass 系统可以为公民提供数字身份 ID SingPassID，主要解决政府部门政务和服务系统的统一身份认证问题。有 380 万公民或居民领取过 SingPassID，可访问 140 多个政府部门和私营机构的 400 多种数字化服务系统，如纳税申报、申请公共住房等。

最初 SingPass 采取传统身份认证方式，需要人们记住用户名和口令，比较烦琐，不能适应新加坡智慧国家战略的发展需要。为此，新加坡政府在 2018 年决定升级 SingPass 体系，其参照的标杆是爱沙尼亚数字身份系统，使用数字加密技术保障系统的安全性。

为了让使用更加便捷，新加坡政府还将人脸识别技术引入身份验证环节，并要求全体国民必须采集面部识别信息。有隐私保护倡导者和技术机构担忧政府滥用人脸识别数据，还有人担心人脸数据可能会未经明确同意地被其他机构利用。但系统开发商承诺，新加坡的数字身份采用的是"人脸验证"技术，这与"人脸识别"不同，其最主要的区别是，"人脸验证"要求主动明确同意，"人脸识别"是被动搜集。

MyInfo 是 NDI 的另一组件。这是一个便捷的国家级 KYC（客户身份核验）平台，其设计理念是"只告诉我们一次"（Tell Us Once）。平台系统将每个新加坡公民的个人信息整合成统一的个人档案，公民可以添加和修改信息，如收入、教育、就业和家庭等数据，还可管理与控制个人信息。当公民需要在线填写不同形式的服务表单时，系统就可以自动从 MyInfo 平台提取已录入的相关信息，使民众无须填写重复的内容，这给民众带来很多便利。

对于政府部门，MyInfo 将民众的信息都整合起来，形成一个公民信息共享协作平台，通过数据分析可实现部门数据之间的精确匹配和无缝对接，有助于实现政府部门间的合作协调和政府事务流程的一体化。由于公民在政府网上留下了数字脚印，很多行为都有迹可循，因此这些信息不仅可用于设计满足民众个性化需求的服务，还可辅助政府决策。到 2018 年，已有 145 个政府部门和 155 个私营机构的数字系统接入了 MyInfo 平台。

数字身份推行
功亏一篑的案例

还有一些国家，尽管在技术和管理上有着先天优势，但在数字身份实施方面却步履蹒跚，一波三折。这其中既有政治原因，也有历史文化原因，更有技术方案上的不足。

英国：因政党理念的分歧而半途而废

英国的数字政府建设在世界处于领先地位，但其数字身份体系表现平平。究其原因，在于英国政党在身份制度理念上的严重分歧。

2005 年，当时执政的工党布莱尔政府提出建立国家身份证体系，受到在野的保守党抨击，认为这一制度成本高昂，是"变相捐税"，且政府采集的这些个人信息可能会造成公民与国家之间的关系失衡。公民信息被集中保管在内政部，个人隐私有被泄露或被政府滥用的风险。2006 年，英国《身份证法案》在议会经过两次表决才微弱胜出。法案明确了居民身份证为 eID 卡，可作为公民身份证明和在欧盟旅行的证件。工党政府随即开始在伦敦和曼彻斯特开展试点，计划到 2010 年，民众到银行办理业务需要出示 eID 卡，并预计 2017 年覆盖全英。但 2010 年 5 月，保守党执政后，卡梅隆政府声称这一制度侵犯了个人权利，宣布百日内将其废除，采集的数据被销毁。至此，这一已经花费 2.5 亿英镑的身份制度被废止。

但之后，鉴于日益严重的网络身份诈骗问题，保守党政府也不再排斥数字身份。他们倾向于采用联邦模式的身份认证和管理模式，不设立集中式身份数据库。2011 年保守党政府推出身份保障计划，2016 年正式上线 GOV.UK Verify，用于政府部门为公民提供服务时进行身份认证。系统运营最初由五家第三方机构负责，从 2020 年 3 月 24 日开始，运营商只有英国邮政和总部在荷兰的 Digidentity 公司。该系统的运营效果并不理想，据统计，2018 年的个人身份验证成功率只有 45%。

✦ 韩国：因方案缺陷造成信息泄露而终止

韩国是最早实施数字身份的国家之一，采用的是网络实名制。2002 年，韩国开始在政府网站推行网络实名制，但社会支持度很低。2005 年，韩国发生了一系列网络欺诈案件，特别是有人随意"人肉"个人信息，造成数起受害人精神崩溃，民众对网络实名制的支持率从 30% 升至 60%，国会很快通过并发布《促进信息化基本法》《信息通信基本保护法》等法规，韩国成了世界上首个强制实行网络实名制的国家。

韩国实施的网络实名制是为每个上网的人分配一个互联网个人识别码 iPIN，政府想以此代替居民身份证号码，减少网络空间的隐私泄露、语言暴力、名誉侵犯以及虚假信息泛滥等问题。但实施几年后，调查发现，网络实名并不能遏制网络暴力，诽谤跟帖的数量减少并不明显。并且这种实名方式在技术上不成熟，简单照搬线下的身份证认证方式，造成网上身份造假和信息泄露问题严重，使服务商难以正确认证用户身份。另外，网络实名制导致很多人访问外国网站，本国的网站访问量明显减少。

给韩国网络实名制致命一击的是严重的用户数据泄密事件。2011年，韩国著名门户网站 Nate 和社交网站 CyWorld 遭到黑客攻击，约3500 万用户的个人信息被泄露，这差不多占韩国人口的 70%。同年 11月，韩国的游戏运营商 NEXON 公司的服务器遭黑客入侵，1300 万用户的个人信息被窃。韩国政府迫于舆论压力，不得不宣布分阶段废除网络实名制。2012 年，韩国宪法法院裁定网络实名制违宪，这意味着韩国以网络实名制为特征的数字身份计划彻底终止。

从韩国推行网络实名制的失败教训来看，无论技术路线和实施方案如何制定，都要将个人数据安全和个人隐私保护放在首位。个人隐私事关每个人的生命财产安全，大规模的个人数据泄露不仅会打击公众对数字身份的信任，还将严重影响社会稳定。

◈ 日本：艰难推进中的数字身份建设

另一个采用政府主导模式实施数字身份管理的国家是日本。由于第二次世界大战期间日本政府通过身份证制度对民众进行全面控制，日本国民非常警惕国家统一身份管理制度。因此，日本一直没有国家统一颁发的身份证。直到 1999 年，日本议会通过《居民基本注册修改法案》，规定政府向民众颁发 11 位的身份号码；2002 年，日本政府建立了全国性的身份管理网络 Juki 网，为公民提供可自愿选择的eID，即 Juki-net Card。这种身份卡自愿申领。由于反对党的反对，还有些地方政府也拒绝实施，这一计划最终没能取得成功。

2016 年 1 月，日本发布第五期科学技术基本计划（2016—2020），首次提出要建设"超智能社会"或"社会 5.0"。这一计划的关键举措就是要全面实施内置智能芯片的 eID 卡"My Number"，这是一种 12 位的身份编码，其中不包含个人信息。日本政府设想在进行社会保障、税收、灾害对策等政务服务办理时使用"My Number"卡。但"My Number"卡的申请情况也不乐观，截至 2019 年，日本仅有 18% 的人申请。2020 年的新冠肺炎疫情期间，日本政府认识到数字身份普及的重要性，在向民众发放疫情补助金时，优先向有"My Number"卡的人发放，但大部分人还是到银行填写纸质表格办理。2020 年 9 月，时任内阁官房长官的菅义伟接替因健康原因辞职的安倍晋三，就任新首相，大刀阔斧地开启新一轮的"数字新政"改革，并设立专门的推动机构"数字厅"，其职责之一就是推进"My Number"卡的普及、驾照的数字化，以及"My Number"卡、医疗保险卡和驾照的合并。为充分发挥数字身份对经济社会的推动作用，日本政府还引进了爱沙尼亚的数据共享交换基础平台"X-Road"，以发展数字服务驱动的共享经济。

联合国及世界银行的数字身份计划

很多经济落后的发展中国家，几乎没有数字身份管理的基础，这也限制了这些国家的经济发展。为此，世界银行、联合国等国际组织启动相关计划，在技术和资金等方面，帮助这些国家建立自己的数字身份体系，取得了不错的成效。

◆ 世界银行 ID4D 计划

很多发展中国家缺乏数字身份建设基础，特别是非洲和拉丁美洲的很多国家。落后的经济状况让这些国家既没有实施数字身份的专业技术，也没有建设数字身份的经济能力。为此，世界银行于 2014 年发起了一个"身份认证促发展"（简称 ID4D）计划，支持各国建立包括人口登记在内的普惠与可信的身份识别系统，以使所有人都能通过数字识别系统获得服务和行使权利。

ID4D 计划一般以世界银行贷款项目方式实施。在实施之前，先由实施国申请，然后使用 ID4D 专门评估工具，对申请国现有身份系统进行技术评估和诊断。另外，ID4D 还开发了一个评估工具 IDEEA（ID 启用环境评估），用于评估身份系统相关的法律、法规和体制相关问题，作为对"ID4D 诊断"的补充。

截至 2018 年，已经有 30 多个国家接受过诊断评估，并为 40 多个国家提供了咨询服务，然后再有针对性地为其提供技术协助。最后，在这些工作的基础上，世界银行通过贷款资助项目实施。

摩洛哥已经利用世界银行贷款建立了一个全国人口登记及数字身份系统，使公民无须到现场就可实现在线身份认证，实现了无现金和无纸化交易。世界银行还牵线摩洛哥与印度合作，借鉴印度的数字身份体系 Aadhaar 以及"IndiaStack"应用生态系统，并结合摩洛哥的实际情况，设计了一个以模块化开源技术为核心的身份认证平台，通过互操作性打通各种登记数据库，还完善了身份治理和隐私保护法律。该系统具有成本可接受、规模可扩大、功能可定制等特点，目前已经投入使用。

2020 年，世界银行举办了"2020 世界银行十亿任务挑战赛"，旨在为 ID4D 项目选拔最佳设计方案，有 160 个国家的 50 多个申请项目参加了竞赛，最终美国的一家非营利金融服务公司 Kiva 设计的"Kiva方案"获得最佳方案奖，为弱势群体提供普惠的身份系统解决方案。

Kiva 是一个开源的身份方案，基于开源的区块链基础设施 Hyperledger 及其之上的去中心化身份系统 Indy。系统方案已于 2018 年在西非国家塞拉利昂实施并试运行，其电子身份核验（eKYC）主要利用身份证号码和指纹信息，身份验证速度大约 5 秒。该系统既可以帮助弱势群体获得小额贷款之类的金融服务，还允许使用者自己保管身份凭证，并能够保护个人隐私。这是非洲大陆开通的第一个国家级去中心化数字身份系统。

ID4D 作为世界银行推动的数字身份计划，其显著特点是身份系统与金融服务系统紧密结合。通过这种基于数字身份的金融系统，金融机构利用身份核验（KYC），可为贫困人口提供适当的金融服务，帮助他们摆脱贫困；国际慈善机构可以利用这套系统快速高效地将人道主义援助等福利补贴直接发放给目标人群，政府也可以在此基础上建立完善的金融和社会保障体系。

该挑战赛的另一获奖项目是"促进西非地区一体化与包容的唯一身份"，这是一个为期十年（2018—2028）的跨国家数字身份项目，目前主要有西非国家经济共同体中的 6 个成员国参与。这一项目首先为每个国家构建一套基础身份（fID）系统平台，然后再修改调整相关各国的数字身份与个人数据保护的法律框架，使之相互兼容，最后利用 fID 凭证将各种服务系统集成，实现系统之间的互操作，从而方便民众访问并使用这些服务项目。

这个项目的目标群体是所谓的"被遗忘的中间层"。在西非国家，极端贫困人口可以得到社会保障救助，但有 89% 的女性工作在非正规企业，占雇佣人口的 80%，这部分中间阶层得不到社会保障。该项目致力于构建一个移动社会信息系统，帮助工人交纳保险，方便政府发放个人失业时的补贴。这一项目还希望将非正规的企业纳入系统中，实现工资统一移动支付，同时实现跨国家的身份认证和支付，促进西非国家经济一体化。

◆ 联合国难民身份管理的"ID2020 计划"

由于战争、种族迫害、部族矛盾、国家领土变动、政治避难、自然灾害、经济恶化等各种原因，在国际上出现了一个不能或不愿回原籍国的特殊群体——难民。联合国数据显示，全球有超过 11 亿难民无法证明其身份，6800 万人流离失所。难民在逃离自己的国家时往往没有国家颁发的身份证件，他们流动性高，没有政治、经济和社会地位，经常被接纳国给予不公平的对待，无法获得教育、医疗、保险及金融服务。

对于难民来说，其身份很难被纳入某一个国家的身份体系。为此，联合国于 2016 年召集 400 多名专家学者，在纽约总部召开 ID2020 峰会，讨论难民的数字身份问题，并成立了一个非政府组织 ID2020 联盟，致力于向难民颁发数字身份，以实现联合国 2030 年可持续发展子目标第 16.9 款：到 2030 年，为所有人提供法律身份，包括出生登记。微软、埃森哲、思科、洛克菲勒基金会等跨国企业和机构于 2017 年加入这个联盟，并为这一计划提供专业技术支撑。

按照 ID2020 宣言，个人身份是一项基本人权，个人应该对自己的数字身份拥有控制权，包括如何收集、使用和分享个人数据。这一数字身份系统应以用户为中心，具有隐私保护、便携性和持久性等功能和特性。微软为这一计划提供了一套去中心化的身份系统 ION（Identity

Overlay Network，身份覆盖网络）和云计算基础设施平台 Azure。ION
系统基于当前安全性较高的区块链架构，具有用户自主主权身份的特
性。这一系统将射频微芯片植入人体，以持久标识其身份。

从当前的联盟发布的信息看，ID2020 并没有给难民提供主权国
家身份，而是为了在救助难民时对其身份进行标识。可以说，ID2020
既是国际公益事业，同时还是一个价值百亿美元的商业项目。目前，
ID2020 联盟正在与孟加拉国政府合作，对项目系统进行试验实施。

ID2020 联盟还包括比尔·盖茨创建的全球疫苗免疫联盟，将数字
身份与接种疫苗结合起来，植入身份微芯片可以有效管理需要接种疫
苗的难民儿童，同时疫苗接种也为实施数字身份提供了契机。也正因
为如此，反疫苗者将植入身份芯片与接种疫苗混为一谈，声称注射新
冠疫苗或植入身份芯片都是比尔·盖茨为控制全世界而设计的陷阱，
计划参与人甚至受到人身威胁。

4

数字身份的
经济社会应用

Metaverse

数字身份对于网络空间安全和经济社会运作有重要的意义，这可从两个方面来看，一方面，数字身份通过身份识别、认证与访问控制等机制，将不可信的人群拒之门外，为网络空间营造更安全可信的环境，有利于保护个人网络数据和隐私，增强人与人之间的信任；另一方面，身份信息通过大数据分析技术，可以为用户提供有针对性的个性化服务，并对数据进行治理，提高经济社会的运作效率。

以业务流程重构提升政务及公共服务

数字化转型是提高服务水平的重要途径。对于政府来说，政务服务的数字化转型不是简单地在工作中使用数字新技术，也不是单一部门的数字化，而是利用数字身份进行业务流程重构，打破部门间的壁垒，让数据通畅流动，共享使用，实现跨部门、跨层级的全政府协作，实现业务流程的合理化，以提高效率、优化效能。这其中，数字身份就像一条纽带，贯穿整个业务流程。

数字身份与数字政府架构

2020 年 9 月，美国智库 NEW AMERICA 发布的报告《数字政府图景规划》（*The Digital Government Mapping Project*）指出，当前很多国家的组织架构还停留在 19 世纪，并在使用 20 世纪的技术解决 21 世纪的问题。这些政府及公共部门通常采取政治变革解决面临的各种挑战。在 21 世纪，信息及数字化技术将改变这一模式，通过模块化开源技术平台，构建服务公民的数字政府体系。政府数字化转型将是经济发展和治理现代化的关键驱动力。

2018 年 5 月，洛克菲勒基金会召集公共部门、私营机构及社会性组织等各方面的专家，在意大利北部贝拉吉奥镇召开数字政府学术会议。会议提出了数字政府蓝图（Digital Government Blueprints），给出了系统性的体系架构，用以构建综合性的数字生态系统，并为制定数字政府开放标准、实现平台的互操作性奠定基础。

数字政府蓝图架构基于"数字政府堆栈"（Digital Government Stack）这一概念性架构，包括基础系统和应用系统两大模块结构，其中基础系统包括三个基本层：数字身份、数字化数据共享交换和数字支付，这些是其他数字政府应用的基础。数字化项目包括税收及公共财政、公共福利、资产管理、土地所有权管理、公民参与、政府采购、公共登记等，如图 4-1 所示。

数字政府蓝图架构为正在进行数字化转型的政府决策者和领导者提供了参考，其核心理念是将数字政府作为一个整体进行统一规划，以克服部门壁垒，打破信息孤岛。比如爱沙尼亚的 X-Road 应用共享平台和印度的 IndiaStack 应用服务平台，从不同的思路，综合考虑了公共部门乃至私营机构的各类服务。德国和瑞士也正在试验新的数字政府架构模型。数字政府蓝图架构允许公众控制自己的个人信息，既可保护隐私，同时还能使政府利用数字身份和个人数据解决面临的紧迫挑战。

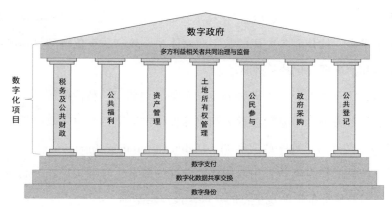

图4-1 数字政府蓝图架构

早期的电子政务系统一般都是按部门分阶段建设，由于建设标准和技术架构不一致，很多业务系统都具有各自独立的体系，这就形成了越来越多相互割裂的数据孤岛，在不同部门办理业务时需要重复提供数据，业务的协同程度不高。通过业务流程重构，可打破部门壁垒，提升服务效率。

"整体政府"是英国首相布莱尔在1997年提出的，希望重新定位政府事务的价值取向，采取以公众为中心的价值观，从全局视角设计服务流程，实现跨部门分工协作。

麻省理工学院（MIT）提出的新计算架构ID3，可作为整体政府的参考架构。ID3架构的最底层是核心身份证，包括参与者的数字证书、数字签名等；其上层是身份管理与认证，实现体系的统一身份认证；再往上一层是信任框架层和核心服务层；最上层是应用层。印度的IndiaStack平台是ID3的一个应用范例。IndiaStack建构在世界上最大的数字身份证体系Aadhaar之上，民众的银行账号、养老保险全部打通，完全实现数字化交易，形成了一个全国性的生态化系统和平台。

这也验证了 ID3 架构在技术上是可行的。

整体政府的系统有两个设计目标：一是以满足民众的需求为导向；二是以业务而非以职能为中心。政务业务流程要以数字身份为逻辑主线重新设计，采用统一身份认证能够让民众避免频繁地证明自己的真实身份；数据共享能够让系统重用跨部门的业务数据；而通过业务梳理，可将不同部门众多的业务事项归纳为基本的事项要素，再按照民众最便捷原则对流程进行优化；最后还可以通过满意度评价机制及大数据分析技术，提供千人千面的个性化服务。

整体政府的具体实施方法是，通过数字身份将公共部门、相关私营企业及第三方机构的服务集成到一个统一的数字化虚拟空间，实现政府服务和公共服务的一体化，以提高公共服务的效率和便利性；用户则可在一个安全的公共服务空间内，基于"单一窗口"原则使用各种公共服务，从而符合政务及公共服务需求的"Once Only（仅需一次）"原则。

新加坡将政务与公共服务捆绑到一起，设立全球首例 eCitizen（电子公民）门户。2018 年，新加坡进一步采用聚焦用户行为的方法，基于智能搜索的设计理念，将 eCitizen 升级为"一体化的公民体验、一站式公共服务商店"。

爱沙尼亚政府则将数字身份用于各种需要证明身份的场合，如旅游、医疗健康、公共交通、停车收费等，以及网上银行、电子签名、电子投票、数字化医疗处方等。数字身份成为爱沙尼亚人访问国家各类信息系统和网络公共服务的万能电子钥匙。

为了增强公民使用公共服务的便捷性和安全性，法国政府于 2019 年 11 月将人脸识别技术正式用于身份验证，这是第一个使用人脸识别技术验证公民数字身份的欧盟国家。这一系统被称为 ALICEM

（Authentification en ligne certifiée sur mobile，手机在线核验身份认证），它将允许法国民众在线进入 500 多家法国公共服务机构的网站。

◈ 爱沙尼亚数字整体政府基础平台

爱沙尼亚的数字整体政府基础平台以 X-Road 为核心，是社会数据共享的经典范例。

（1）以数据共享应用为特色的体系架构。

爱沙尼亚的整体政府生态体系包括国家数据共享应用系统和生态运作机制。

爱沙尼亚国家数据共享应用系统的架构如图 4-2 所示。

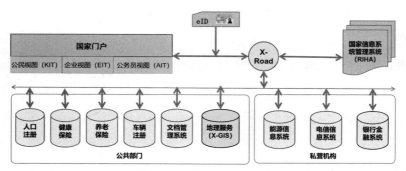

图 4-2　爱沙尼亚国家数据共享应用系统架构

这一体系是以 eID 身份认证管理系统为基础的，以实现公民数字身份的统一认证与授权；X-Road 平台是整个生态体系的数据枢纽，负责各个服务系统的数据共享和交换；系统还有一个关键组件——国家信息系统管理系统（RIHA），负责管理体系包含的所有服务系统、数据库系统的交互接口的目录体系，相当于系统的大脑控制中枢。系统还有其他的功能性组件系统，如 X-GIS 提供地理信息支撑服务；国家门户则分别为公民、企业和公务员等提供了相应的访问入口。各类公共服务和商业服务系统也可以接入其中，使用其提供的统一的身份认证和数据共享服务。

X-Road 提供的主要服务包括身份认证与授权、各类数据库和注册库的查询、数据库的写操作、网络数据共享、安全数据交换与传输、记录日志、查询路径选择等。

国家信息系统管理系统是整个数字生态系统的信息资源注册机制，其底层是信息系统登记注册库，内容涉及信息系统、组件、服务、数据模型等元数据及语义描述，如系统管理者、服务提供者、可提供的服务、服务的用户、分类体系及分类的管理者等。

以 X-Road 为核心构建数字生态系统的各参与方——监管机构、服务提供者和服务使用者。政府首先指定一个专门的监管机构，该机构既被赋予法定监管职能，又具有足够的技术能力，机构参考德国联邦信息安全办公室发布的安全框架，为 X-Road 的运行制定一系列安全策略、框架及操作规范，然后根据应用需求情况确定安全级别。X-Road 监管机构要确保只有满足安全要求的机构才能够连接到 X-Road。

服务提供者是 X-Road 生态体系中的主要角色。在连接到 X-Road 之前，服务提供者必须保证有足够的安全防护措施，这是因为 X-Road 只规定了应用系统之间共享交换数据的接口与流程，以及安全要求，并不进行安全审核。应用系统应按照 X-Road 规范，使用 Web Service（网络服务）连接到 X-Road 服务器。此外，只有在与服务使用者签署协议后，服务提供者才可授予其服务访问权限。

服务使用者在登录到 X-Road 之前，必须保证有足够的安全策略、安全措施及操作规范。服务使用者有两种方式使用 X-Road 服务：一种是将 X-Road 服务集成到信息系统中使用，另一种是通过 X-Road 门户使用。同样，服务使用者在获取访问权限之前要与服务提供者签署服务水平协议。

（2）爱沙尼亚重构缴纳税业务模式实例。

政务及公共服务的数字化转型并不是简单地舍弃旧技术、拥抱新科技，而是要充分运用数字化新技术对现有政府业务流程进行改造，爱沙尼亚的电子缴纳税系统是一个业务流程重构的成功实例。

传统的报税流程通常是税务部门提供税收计算方法和纸质表格，由纳税人填报相关内容。这种方式很烦琐，大部分纳税人并不一定具有很多专业的税务知识，零碎的数据和复杂的计算方法让很多人头疼不已。同时，很多商家或高收入纳税人还会利用税务系统的漏洞偷税漏税，给国家造成损失，比如频频爆出的明星偷税丑闻，数额都是令人震惊。

在数字时代，数字支付系统的普及，让每个人的绝大多数资金往来都有迹可查。单从报税程序上来看，政府不该让公民在计算机上重复纸质表格报税的数据填报步骤，而是应利用数字化新技术的优势，通过与银行、金融机构的相关系统联通并共享交换数据，通过互联网大数据计算，分别采集每个纳税人的各项收入数据，然后由计算机计算出民众应该报税的额度，并自动填报表格，民众只需上网进行核查确认就可以了。这样报税不仅更准确、安全，也更加方便快捷，纳税人只需 3~5 分钟就可将手动填写部分填写完毕。

纳税人在不同的商业银行、金融机构、互联网商务平台注册了大量的账号，金融和商业活动都通过这些互联网金融及商务平台完成，留下了大量的交互数据和交易记录。要整合这些高度碎片化的信息，统一的数字身份是其中一个关键要素。另外，通过利用 X-Road 平台，电子缴纳税系统能够方便地建立与各类服务系统的链接关系，在经过充分授权和建立安全保障的基础上，从关联的银行和金融服务机构获取相关的财务和金融信息。

◆ 数字印度堆栈服务平台

"IndiaStack"是印度的经济社会信任服务平台，它以数字身份基础设施 JAM 为基础，以堆栈结构为用户提供基本的数字身份认证、身份信息核验等服务，也为政务及公共服务的流程重构提供技术支撑。

（1）IndiaStack 的架构。

IndiaStack 是一个由国家主导的数字化基础设施，不仅是政府及公共机构提供公共服务的枢纽平台，私营及商业机构、金融机构还可以根据市场业务需求开发扩展功能，特别是在移动支付领域，有很多企业开发了多种多样的支付 APP。

IndiaStack 平台具有相互叠加的层次结构，其中每个层次都包含一系列软件服务系统或接口，用于完成特定的业务。这些系统通常由不同的机构或团队独自开发，如图 4-3 所示。

IndiaStack 的最底层是非现场层，主要提供在线身份接口服务，民众无论身在何处都可以不用到现场就完成身份认证，使用相关服务。

无纸化层主要为民众提供数字签名、数字证书以及个人信息等数字身份服务，主要目标是实现无纸化在线业务办理。其中 Aadhaar e-KYC（即客户身份核验）为金融机构在业务注册时提供客户详细信息，如姓名、性别、出生日期及住址等个人信息；e-Sign 为个人、企业、政府部门签署电子文件提供数字签名；Digital Locker 是一个公众证照库。

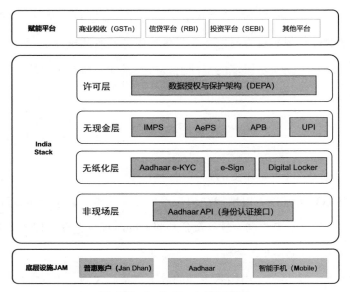

图 4–3　IndiaStack 体系架构

　　无现金层主要为金融及商业机构提供金融服务及互操作接口，国家统一支付接口（UPI）是一套针对金融机构参与者的开放接口，民众通过 Aadhaar UID 就可以通畅地使用电子转账和移动支付。Aadhaar Payment Bridge，即 APB 系统，主要用于政府部门向贫困民众发放福利，直接利用 Aadhaar UID 将补贴发放到关联的银行账号，减少中间可能产生腐败的环节。数字身份驱动付款系统 AePS 由印度中央银行主导，允许用户进行生物识别特征认证，以便授权通过 POS 机给在线金融机构付款，即线上认证，线下付款。

　　许可层主要是促进数据流动，实现数据共享和应用赋能，并保护个人隐私数据。数据授权与保护架构（即 DEPA）是其重要组成部分，目前具体实施方案正在开发中。这一体系允许用户按照自己的意愿控制个人数据，并可以实现数据的共享、流转和收益。

（2）IndiaStack 生态体系。

IndiaStack 具有完善的生态体系，其中的关键组件是 UPI 平台。其中，银行将其所能提供的各种金融服务以标准的可编程接口（API）的方式发布到 UPI 平台，第三方金融科技机构则利用开放接口开发服务客户的移动支付应用，通过银行系统间的互操作，实现银行间快速转账或零售即时支付结算。UPI 以其易用性、安全性，逐渐成为印度个人用户和企业首选的支付系统，这在很大程度上培养了印度人使用数字支付的习惯，是移动实时支付业务数字转型的成功案例。

数字身份生态体系促进了印度金融科技初创企业的蓬勃发展。UPI 平台是一个开源的、低成本且高效率的开放平台。利用这个平台，创业者可以构建创新应用，设立创新型企业。2018 年，印度在科技领域的初创企业超过 7000 家，成为全球拥有最多科技型初创企业的国家之一，其中金融科技，特别是移动支付等相关企业占有很大比例。比如印度规模最大的移动支付应用 Paytm，被视为印度版的支付宝，就是一个成功的初创企业，其特色是支持"支付 + 电商"的模式。

缺乏软件开发实力的小微金融机构甚至可以通过包装贴牌国家移动支付钱包 BHIM，为客户提供基本的金融服务。BHIM 是印度政府基于 UPI 开发的国家移动支付钱包，整合了所有与之合作的银行移动钱包，用户只需通过一个虚拟支付地址 VPA 即可实现银行对银行、个人对个人的转账交易，帮助民众在众多银行之间快速转账。BHIM 在市场很受欢迎，现在已经成为印度移动支付的代名词。此外，网络个人理财、大数据分析等应用领域也涌现了很多初创企业。

印度政府为促进市场繁荣，对数字科技及数字经济采取鼓励和开放政策。目前，美国、英国、芬兰、瑞典、日本、韩国等发达国家的很多数字科技企业都涌入印度。谷歌、脸书、沃尔玛等大型跨国企业，都针对印度的金融市场开发了基于 UPI 的移动支付应用，如 GooglePay（Tez）、WhatsApp Pay 以及沃尔玛的 PhonePe 等。中国的投资者，如阿里巴巴、腾讯等，也已经进军印度的数字科技市场。早在 2015 年，阿里巴巴就向印度移动支付巨头 Paytm 投入 6.8 亿美元的融资，成为 Paytm 的最大股东，这大大强化了 UPI 的竞争力。

（3）机制创新精准公共服务模式。

公共服务流程的重构可以推动机制创新。一方面，基于统一数字身份认证构建的公共服务系统能够削减烦琐的中间环节，提高公共服务的效率，降低成本，避免腐败；另一方面，通过数字身份核验与分析，能够精准确定公共服务的对象，全面了解服务对象的相关情况，预防和控制冒领福利补贴等行为。

我们以印度为例，看看数字身份体系在公共服务机制创新方面的价值和作用。

印度是一个联邦制国家，各邦之间的语言和风俗习惯相差很大，社会治理基本采取土邦自治的模式。联邦政府不了解基层的人口分布、贫富差距等确切情况，福利发放都是靠基层官员层层转发，发放成本高，效果不佳，且容易滋生严重的腐败问题。

《哈佛商业评论》曾报道过一个供两个女儿上学的印度农村妇女获取政府补贴的事例。2014 年之前，她要想获得政府补贴，首先需要填写两个女儿入学资格的审批表，将表格交给学校审核后再提交到政府相关部门。如果表格被批准，她就可以到政府办公室领取补贴支票。这一过程手续烦琐，中间要是出现腐败问题，她就得损失支票金额的 15% 至 20%。最后她还需要到银行去兑现支票。假如她能获得 2000 卢比的补贴，顺利情况下她最后实际到手仅有 1400 卢比，其余的 600 卢比或被花在交通费上，或被贪污。印度 2008 年统计显示，印度政府发放给贫困人口的救济粮食中只有 42% 到了需要救助的民众手中，其他都被以各种理由浪费或贪污掉了。

为此，印度政府在 IndiaStack 上构建了一个精细化的福利管理数字系统——直接福利转移（Direct Benefit Transfer，DBT）系统，专门用于发放政府补贴。政府可利用 DBT 直接将福利发送给受益人，而不再需要将补贴以粮油等实物形式交由各级官员分配发放，这样不仅有效防止了福利资金被挪用或贪污，还清理了很多冒名顶替、伪造或已死亡的人员账号，资金分配效率和公平性都大大提高，并且政府的支出也大幅降低。据统计，DBT 系统上线后仅半年（2014 年上半年），燃油消费增长就从同期的 11.4% 下降到了 7.82%，补贴汽油的消费总量则减少了 24%，政府 2014—2015 年开支节省了 2 亿美元。

如果使用 DBT 系统的话，上面案例中的那位母亲只需要到女儿学校的办公室，使用平板电脑或者智能手机通过她的 Aadhaar 身份号码验证她的身份，她获得的补贴资格就会被记录到与其 Aadhaar 身份号码关联的普惠金融账户中。系统工作流程通过批处理方式批准她的请求后，在 24 到 48 个小时内，她的手机就会收到 2000 卢比已经全额转到她银行账户的提醒短信。

之前由于印度的网络通信、移动终端以及金融基础设施都很落后，民众普遍倾向于领取实物福利，不习惯使用银行账户和电子支付。随着覆盖全印度的移动通信网络初步建成、智能手机及移动支付等系统的普及应用，民众的观念也开始发生转变。通过 DBT 发放现金补贴的方式越来越受到民众的欢迎，很多其他公共服务项目，比如养老金、煤气补贴等，也都利用 Aadhaar 账号直接发放，明显提高了服务效率。

以隐私保护增强
医疗卫生信任与安全

◆ 利用数字身份重建医患信任关系

根据世界卫生组织的统计，每年约有 75% 的死亡是由慢性病造成的。这些疾病持续时间长，医疗过程一般涉及多个医院或科室，患者及其家属需要与多名医生护士进行大量的沟通，给医患关系带来巨大挑战，要想重建医患信任关系，数字身份可发挥重要的作用。

良好的医患信任关系需要良好的数字化医疗生态体系。建立数字化医疗生态体系涉及多方面的因素，这其中既有技术方面的，也有管理方面的。这一体系将以数字身份及医疗档案为基础，以医患之间的沟通为关键。数字身份可简化对医疗过程的各参与方的身份信息的核实认证，增加对彼此身份情况的了解；电子签名及信息安全基础设施能够保障数据的安全性与完整性，使不同医院、不同科室的医护人员在保障患者的隐私权和知情权的前提下，对患者病情充分了解和掌握，协商治疗方案，有助于为患者提供高质量、高效率的医疗保健服务。

（1）数字身份认证。

数字身份系统为医疗信任提供安全可靠的身份认证。与通常的身份验证不同的是，医疗身份构建往往需要医疗系统以安全方式创建身份委托账号，通常由家属或其他照顾者代为管理患者的数字身份和健康档案。

欧盟在数字健康档案建设方面比较先进，比如丹麦建成了让国民最为信任的医疗体系，爱沙尼亚实现了医疗健康档案跨国互操作，这些都依赖于其成熟而发达的数字身份体系，以及良好的个人数据使用与隐私保护策略。

我们先看看丹麦的情况。丹麦的全科医生利用电子健康记录（EHR）管理系统就可以获得患者授权的电子病历，但不包含来自其他医院或实验室的数据。丹麦的国家健康门户系统 sundhed.dk 是 EHR 管理系统的数据共享交换枢纽，其中包括两个数据库——e-Journalen（患者的诊断、治疗和病程等共享记录）和 The Shared Medication Record（患者用药情况的共享记录），还有临床医生手册，如有关医疗卫生的文章、指南、教育节目、检验方法、医疗视频等。sundhed.dk 通过数据赋能，促进了医患之间的协作，使临床医生能够获得患者更全面的健康状况数据，不仅提高了医疗质量，效率也得到了提升。

爱沙尼亚则利用其强大的数字身份认证体系实现了电子病历和医药处方的远程检索和共享使用。欧盟通过推动数字身份体系在欧盟范围内互通互认，实现成员国医疗保健系统之间的可信互操作。这样，一个欧盟公民就可以利用其 eID 在爱沙尼亚药房检索出芬兰医生为其开出的电子处方。

我们再看看英国的医疗保健体系。英国的医疗体系在技术上很先进，甚至可以说是国际范例。但由于英国缺乏国家统一的数字身份体系，医生对患者的病历访问非常烦琐。在安特里大学附属医院工作的医生保罗·沃克表示，为了获取患者病历数据库的访问权限，他需要与医院信息系统的管理员反复沟通多次。患者为此不得不一次又一次地重复检查、重复问诊和重复调查。"这真是既浪费时间，又浪费金钱。"

而新冠肺炎疫情让这一问题更加突出。

（2）无密钥签名基础设施（KSI）。

个人医疗档案数据不仅包括身份识别信息，还有大量的医疗档案数据，包括健康记录、医疗检查和诊断等。这些数据对于个人来说都是敏感数据。为此，在使用医疗数据的过程中需要采取有效措施，保障个人隐私与安全，并通过技术手段保障电子病历信息的完整性、安全性和可问责性。

当前很多医院的 EHR 通常由集中式的医疗信息系统管理，一旦发生医疗纠纷，其中的数据很容易被利益相关方篡改，很难证伪，也就难以追溯相关责任。电子签名则通过使用数字认证和数据加密等技术来实现电子病历数据修改和责任人绑定，以保证数据记录的可追溯性和不可否认性，避免出现医疗事故之后的责任纠纷。

除了要追溯责任人之外，其数据修改时间对于举证也很关键，这要使用到时间戳。医院的 EHR 系统中的所有流程都应该使用可信数字身份、电子签名，还有时间戳。

爱沙尼亚对 EHR 及其他公共数据资源完整性的保护基于无密钥签名基础设施（Keyless Signature Infrastructure，KSI）。这是一种基于区块链的数据完整性保护框架。这一框架的价值在于，任何对患者相关数据的修改状态都会被记录在日志中，以供进一步溯源和审计。系统不仅能够防范数据被非法攻击与篡改，还为合法用户的恶意活动提供存证。KSI 的特征可以用爱沙尼亚的数字平台网站 e-Estonia.com 上的一句话概括："在 KSI 之下，历史无法重写。"

数字签名是 KSI 系统保护数字资产的关键。应用程序或组件、数据文件、日志文件等数字系统或文档资源经分类后生成数字签名，任何时候只要文档发生变化，就会自动生成一个新的签名，并将其存储到区块链上。值得注意的是，KSI 在区块链上存储的是文档更新的一系列数字签名，即哈希值，而不直接存储原始数据本身。系统一旦发现被保护的数据被黑客或恶意软件等篡改，就立即发出预警。

密钥通常是安全系统的薄弱环节。KSI 的名称虽然为无密钥，但并非体系中没有密钥，只是把签名者身份识别认证与数据完整性保护这两个过程分开了，签名者的身份识别认证使用非对称加密技术，这一过程仍需要密钥；但其签名完整性保护使用单向无碰撞哈希函数加密，这一过程无须密钥，即使密钥丢失也对签名档的验证没有影响，保证了数字签名的长期有效性。

2016 年，Guardtime 公司与爱沙尼亚电子健康基金会（Estonia eHealth Foundation）合作，利用 KSI 技术保障 100 万份患者医疗记录的安全。患者只要使用数字身份登录爱沙尼亚的国家健康门户，就能够了解哪些医护人员查看了他们的数据，以及什么时候查看的。如果发现有政府官员在没有正当理由的情况下访问个人数据，就可对其起诉追责。

✦ 健康码：数字身份驱动公共卫生治理

2020 年的新冠肺炎疫情是对全球所有国家的治理体系和治理能力的一次严峻考验，其间涌现了很多基于数字技术的防疫措施，其中"红黄绿"三色二维健康码的作用尤为突出。

健康码作为个人数字化健康证明，不仅依据医学检测方法，还能通过追踪个人行动轨迹，发现确诊患者活动路线上的接触者和密切接触者，以帮助防疫工作人员切断病毒传播途径。因此，健康码采集的数据涉及三个类别：第一个类别是个人空间信息，比如住址范围、工作单位信息，其范围根据疫情风险程度适时调整；第二个类别是个人行踪信息，如个人在过去14天内去过疫区的次数以及时间的长短；第三个类别为人际关系，包括家庭成员、同事是否与确诊或疑似确诊人员密切接触等信息。

这些数据经身份识别、大数据比对与分析后，再进行量化赋值，最终生成疫情风险状态等级，再以红黄绿三色进行标识，比如绿码为未见异常，可以自由通行；红码为确诊病例、疑似病例或无症状感染者；黄码则为去过中高风险地区。另外，有些地方还有橙码，标识密切接触者或时空伴随等情况。再按照"绿码行、黄码管、红码禁"的治理原则，就可实现疫情防控。

健康码是数字身份助力社会公共治理的一次较为成功的尝试。对于政府来说，健康码有助于疫情防控相关部门筛选与隔离疫情相关人员，降低了疫情防控的工作难度，提高了工作效率，而且结果准确度较高，在外防输入、内防反弹和扩散方面发挥了重要作用。对于民众来说，避免手动填写各种行程和接触人员的记录表格，方便了人们的生活出行、复工复产、休闲娱乐等活动。

健康码还是一次数字身份创新应用实践。政府部门多年来一直致力于连通数据孤岛、实现数据跨部门共享，但成效并不显著。健康码开启了一个以问题为导向的数据共享使用新模式，系统以二维码形式的个人数字身份为关联线索，通过无接触方式汇集疫情防控需要的各类个人信息，这些信息分别来自卫生、民航、海关、铁路、电信运营商等部门。在此基础上，可以开发健康护照，用于在出国旅行中标识一个人的相对感染风险水平。

健康码在给人们带来安全和便利的同时，其自身也存在一些问题。

第一个问题就是开发的版本过多过滥。据不完全统计，全国各省市推出的健康码近百种，不仅功能上不尽相同，名称也五花八门，比如北京的叫健康宝，上海的是随申码，安徽的为安康码，江苏的称苏康码等。另外，这些健康码产品往往是"各自为政"，系统没有实现互联互通，数据也不易共享，造成了新的数据壁垒。这种过多过滥的重复建设，不仅造成了资源的浪费，也缺乏互信互认机制，有的人因此需要申请多达五六种健康码，重复扫码，甚至码上再叠加码，给民众跨地区往来增添了额外的麻烦。为此，国家市场监督管理总局（标准委）发布了《个人健康信息码》系列国家标准，规范各地的健康码开发。为实现各种健康码产品在全国范围内的互信互认，除了数据格式需要统一之外，评估模型的核心算法也需要公开透明，符合算法伦理，保证评估结果的公平合理。

第二个问题是隐私信息保护。健康码系统采集的很多数据都属于个人隐私信息。调查分析发现，在某些健康码系统的开发过程、系统运行过程及数据传输过程中可能存在数据泄露的风险。按照我国的《信息安全技术 个人信息安全规范》，个人敏感信息的使用、保存、传输都有明确要求，例如，个人信息的采集要遵循最小必要原则，信息存储则要符合时间最小化原则。但当前的健康码应用在数据采集范围、数据保存期限等方面还没有统一的标准。按照相关法律，这些个人信息应该在疫情结束后被删除。

在欧美国家，苹果与谷歌宣布将联手开发一个类似健康码的应用系统，用于提醒那些曾经接触过病毒携带者的人做好隔离措施，以减缓病毒蔓延。这项技术通过低功耗蓝牙协议（Bluetooth Low Energy，BLE）向周围近距离的其他蓝牙设备广播信息。该系统使用设备自动生成临时身份标识符，这样就无须再识别用户的真实身份，也不会记录位置信息，相关数据存储管理采用去中心化模式，数据超过期限就会被删除。这一技术方案对隐私保护相对严密，但其功能主要限于用户病毒暴露通知，并不跟踪病毒的传播过程，也不允许将数据与政府部门分享，其应用效果并不显著。

新加坡政府的科技局和卫生部联合推出的 Trace Together（共同追溯），利用蓝牙追踪协议，跟踪记录用户在过去 21 天近距离接触过的人士。这些数据在手机中储存 21 天，到期将被自动删除。另外，新加坡还有一个访客登记系统 Safe Entry 用于记录民众在超市、饭店等公共场所的访问信息。Trace Together 和 Safe Entry 的功能加起来差不多就是我们的健康码。实际上，新加坡也在考虑学习中国的经验，将两者合二为一。

以智能分析实现
数据治理及商业价值

互联网的兴起让人类社会进入大数据时代。大数据不仅数据量大，而且种类繁多，人们的身份特性、一言一行，都可以数字化。通过适当的数据分析，就可释放其中蕴含的巨大价值。

 通过个性化推荐算法获得用户

互联网的价值取决于流量，这个流量不是数据量，而是用户数量。

互联网平台往往都是上亿甚至几十亿用户，服务提供商提供的"高速数字化服务平台"和"内容推荐系统"，可高效、精准地为用户推荐高度个性化的商品或者信息内容。

数字身份既是识别用户及其个性偏好的依据，也可将各利益相关方关联起来，形成数字生态和价值链。比如，大数据分析可用于产品定制和内容创作。平台和商家通过积累用户对商品的评价，社交网站的各种评论、转发、点赞，利用大数据获取用户特征及需求，并将其用于新产品设计。美国最大的流媒体播放巨头 Netflix，拥有近 3000 万用户的数据库和强大的内容推荐平台。Netflix 不仅用这些数据来给用户推荐影片，还投其所好，根据这些分析结果拍摄用户感兴趣的电影。

个人数据应用还有一方式，即使用协同过滤推荐算法，这一算法最早应用在电子商务网站。美国的亚马逊公司是互联网时代最早的电子商务网站之一，最初的业务是通过网络销售书籍。为了促销商品，亚马逊当时成立了一个 20 人的书评团队，对书籍的内容质量进行评价和推荐，并将结果放在网站首页和相关网页上。这是一种很传统的方式，但也还是使网站名声大振。

后来，公司创始人杰夫·贝佐斯设想出一种创新的个性化推荐系统，通过样本分析用户之间的相似性，预测用户对商品的偏爱程度或评分。刚开始系统算法很原始，推荐效果不佳。于是公司聘请了华盛顿大学的人工智能博士格雷格·林登，他首先从商品的相似性入手，即探寻用户购买过的商品之间的相似度，提出了一种"物品到物品的协同过滤技术"，这里的协同意味着集体智慧。这一算法的运行时间完全不受用户个数、商品个数的影响，并能够预先计算，不仅能预测出高质量的推荐结果，还可高速处理大规模数据，实现实时推荐，这使得自动推荐系统有了突破性的发展。

这套系统不仅可以推荐图书，还可以用来销售其他商品，如影视产品、日用消费品等。据统计，推荐系统推荐的商品的点击率和转化率都远高于网页广告。亚马逊销售的商品有三分之一都来自个性化推荐系统。可以说，协同过滤推荐算法让电子商务系统的效益相比传统的线下人工销售有了质的提高。

亚马逊的推荐算法中，尽管没有分析用户之间的关系，但用户信息，特别是用户画像起着关键作用。系统首先针对每个用户建立数字画像，包括用户的基本属性，如年龄、性别等，还记录了用户在亚马逊网站上的消费行为，包括浏览了哪些商品、购买了哪些商品、购物车里的商品等，由此可以分析出用户感兴趣的主题、偏爱的作者及人口统计特征数据等。另外，亚马逊网站还提供了让用户自主管理自己数字画像的功能，这样用户可以更直接明了地告诉推荐引擎他的偏爱、品味和购买意图，系统就可以为用户提供更加精准的个性化购物建议。

另一个著名的协同过滤推荐算法是字节跳动的"去中心化"智能推荐系统。与通常的电商推荐算法相比，去中心化智能推荐系统的设计原则采用了"以用户为中心"的理念，核心就是系统为用户推荐其最喜欢的内容，并且不断地跟踪与强化用户的偏好。如果用户点开一个唱歌的视频，那么系统就会初步将其偏好设定为娱乐类，而后持续跟踪用户的操作行为，进一步细化扩展用户的偏爱范围，最终为用户提供高度贴合其偏好的精确推荐。

该系统的另一创新是使用了"去中心化"的推荐理念。这里的"去中心化"其实并非算法模式的分布式，而是体现在信息分发模式上。

通常的推荐算法都是由机器对内容特征及创作者的基本信息进行综合判断，再将推荐结果分发给目标用户，这就是中心化机制，比如微博是中心化机制的实例，"网络大 V"粉丝众多，发布的内容被大量推荐，普通用户的内容则很少有人问津。而去中心化推荐机制在流量分配上采取了创作者机会均等原则，普通创作者和关键创作者的流量分配标准相同，内容质量越高，分配到的流量就越多。一般而言，中心化机制可以让"网红"更红，而去中心化机制有利于普通用户凭借作品质量脱颖而出。

去中心化的智能推荐算法基于三个维度，即用户特征、环境特征及内容特征。

"用户特征"主要通过用户画像刻画，包括各种兴趣标签，有用户基本信息，如年龄、性别、学历、职业、所在地等；还有用户的偏好数据，即由模型刻画出的用户兴趣标签，如体育、历史、娱乐等。

"环境特征"主要跟踪用户在不同场景下的个人兴趣的变化。比如用户在工作、生活娱乐或旅行时，分别对哪些类型的内容更感兴趣；用户的社交信息，如关注的人、可能认识的人、粉丝等；还可以分析用户或者相似用户组之间的协同行为（如点赞、评论、收藏、转发等，更重要的行为是用户停留时长），从而让分发内容更加个性化。

"内容特征"通过内容画像体现，主要概括推荐内容的类型特征，根据内容的分类、标题/封面、兴趣词、主题词等分析出内容特征，给内容打上相关标签。内容画像主要是为了分析内容的相似性。这些内容特征的数量规模庞大，可能包含几百亿原始特征和数十亿向量特征，计算过程非常复杂。

用户和内容的匹配模型是推荐算法的关键，算法系统需要通常的协同过滤推荐技术、基于人口特征的推荐技术、基于内容的推荐技术等，以实现基本的用户与内容匹配。不仅如此，算法还使用了复杂的人工智能技术，如深度学习、自然语言处理等，通过分析用户的观看、停留、互动和分享等行为，不断强化训练推荐算法，使结果越来越精准，也越来越个性化。

◆ 数字广告的盈利新模式

当前互联网最主要的变现方式还是广告。近几十年来，数字广告以绝对优势对传统媒体广告进行降维打击。广告收入已成为互联网巨头最主要的盈利来源。

数字广告之所以能够碾压传统广告，主要原因在于其高度的精准性和智能化，这背后的关键因素无疑就是用户的数字身份和个人数据。

在互联网兴起之前，传统媒体，如报纸、期刊、广播和电视等，其主要收入来源也是广告。传统媒体时代，广告业的运作通常需要一个广告部门，专门负责将媒体的广告版面或时间段销售给需要做广告的客户。做广告的整个流程包括广告销售、广告设计、广告制作及管理，以及广告的投放发布。传统广告流程的每一环节都会有相应成本。

早期的互联网企业，如雅虎、新浪、搜狐等，也敏锐地将其自身定位为新媒体。他们的广告尽管在形式上是数字的，但广告运作模式仍然复制了传统媒体模式。网页的横幅式广告与传统广告没有本质区别，广告销售还是与传统媒体一样靠人工。在广告制作和管理上尽管也采用了数据库管理广告订单，但广告投放、网页设计制作等仍然采用手动或半手动方式。

当时大量中小型互联网企业也迫切需要获得广告收入，但由于网站的规模都不大，难以雇用专门的广告销售和制作人员；同时有很多中小企业需要投放自己的在线广告，他们也没有足够的精力去跟在线广告商谈自己的具体需求。在这一背景下，出现了一家名为双击（DoubleClick）的公司，他们设计了一套在线广告新模式，为中小企业发布广告牵线搭桥，代理两边业务。新模式仍需要广告销售人员招揽客户，其改进方式是使用一个在线广告自动投放系统 DART（Dynamic Advertising Reporting Targeting，动态广告报告及目标定位），自动管理网站的在线广告处理与投放，省去了大量人工参与。

双击公司的这种广告模式的创新之处在于利用数字技术实现了广告处理和投放的自动化，但由于在广告投放过程中无法获悉网页内容和浏览网页的用户的个性需求，它的广告投放内容完全随机，不能实现针对目标客户精准定向投放。为此，双击公司利用记录用户信息的 Cookies 技术分析用户的上网行为，据此针对用户播送最符合其兴趣的广告，取得了良好效果。但由于这种方法是在用户不知情的条件下收集用户的个人信息，双击公司被告上了法庭，赔偿了上千万美元才得以和解，并放弃使用这种针对精准广告的投放方式。这个官司的影响很大，后来双击公司的 Cookies 技术被视为严重滥用用户个人信息的经典实例，这一方式无法再用于广告投放。双击公司也于 2007 年被谷歌收购。

双击公司的广告模式通过数字化实现了广告投放的自动化，提高了效率。但被限制使用 Cookies 技术后，广告投放的精准度不高，同时，当时互联网的搜索技术发展也面临瓶颈。在信息检索领域，衡量搜索质量的客观标准有两个：查全率和查准率，早期的搜索引擎如雅虎等，还需要利用人工分类方式才能整理出高质量的网站和网页。当时技术相对先进的搜索引擎 AltaVista 解决了查全率的问题，但检索结果的查准率不高。

打破这一瓶颈的是当时斯坦福大学的学生拉里·佩奇（Larry Page）和谢尔盖·布林（Sergey Brin）。这两人研究出一种 Page Rank（佩奇排序或网页排序）算法，创造性地解决了网页检索的查准率问题，搜索引擎的搜索效率有了质的飞跃，他们也因为这一成果而创建了谷歌公司。

PageRank 算法借鉴了学术界评判学术论文重要性的方法——论文被引用的次数。该算法的核心思想是，网页的重要性可以通过被其他网页链接的多少来判定。PageRank 算法将对页面的链接看成是投票，并据此计算出网页重要性的度量指标 PR（PageRank）值，其数值范围为 0 到 10。算法的实现就类似网站网页之间的相互投票，如果一个网页被很多其他网站的网页链接到的话，其得票率以及 PR 值就高，也就意味着这个网页比较权威和重要，网页的内容质量就高，排名就靠前。另外，用户点击量也是判定搜索结果质量的重要指标。

谷歌公司的搜索算法极大地提高了搜索结果的查准率，这也奠定了谷歌公司全新广告模式的基础。谷歌之所以能够精准投放广告，其奥秘就在于对用户"搜索关键词"的分析。因为当用户在搜索引擎中搜索一个关键词的时候，意味着他正有意识地寻找什么东西，即用户的搜索都带着很强的目的性。此时投放一个相关性很高的广告，将有很大的概率吸引用户的注意力，从而达成交易。并且数据量越大，结果就越精准，那么推荐给用户的商品或服务就越有用，达成交易的可能性就越高。因此，谷歌的广告效果比双击公司的随机广告有了突飞猛进的提高，并且还不再需要像双击公司那样利用包含个人信息的

Cookies 文件。

但像谷歌这样的搜索模式真的不涉及用户隐私吗？其实并非如此。当你上网使用搜索引擎时，你搜索的关键词和具体时间就会被搜索系统自动记录下来，并将这些信息和你访问的网页地址（URL）、IP 地址捆绑在一起，上传到搜索服务器中。将这些信息汇总分析就形成了你的数字脚印或数据画像，由此就可以追溯到你的上网终端，并可能分析出你的真实身份，判断出你是什么样的人，比如你的政治面貌、健康状况、工作性质、业余爱好等。

2006 年 8 月，美国在线公布了其 658000 名用户在三月内的搜索历史数据供社会研究，这些数据都被进行匿名化处理，即用户姓名和地址等个人敏感信息都采用特殊的数字符号代替。尽管如此，《纽约时报》的一个记者还是在几天之内通过对搜索记录的综合分析，发现其中编号为"4417749"的用户所代表的是佐治亚州的一位 62 岁妇女塞尔玛·阿诺德，并获得了有关她的很多真实身份信息。

谷歌声称他们对用户的个人信息不感兴趣，但同时声明，在遵守用户隐私保护协议的前提下，谷歌会向其代理商提供个人信息，并且如果是司法要求，他们也将配合提供个人信息。2016 年 6 月 28 日，谷歌还修改了隐私政策，删除了"除非用户同意，否则不会将双击公司的 Cookie 信息和个人身份信息结合起来"的条款，可能是要进一步提高广告投放的精准性。

除了像双击公司那样自动投放广告外，谷歌还在广告的销售与设计等环节实现了完全自动化。在销售环节，谷歌推出广告自助接单系统。客户要在谷歌上做广告，只需要在谷歌的网站上提交自己感兴趣的关键词和广告内容，以及自己每天希望支付的广告费即可完成。谷歌还设计了一套广告效果模拟系统，给客户可视化演示该广告预计每天能有多少人浏览、有多少人点击，这样客户就可推算出自己需要支付的广告费用。

在广告设计方面，由于谷歌的搜索广告采用的全部是文字形式，广告设计也就不再需要人工参与，实现了自动设计。尽管文字广告不如图形展示生动，但这也使得网页的外观更加简洁，也更受到用户欢迎。

◆ 数据资产及其治理

在大数据时代，数据不仅是资源，还是生产要素和数据资产。2020 年 4 月，中共中央国务院发布了《关于构建更加完善的要素市场化配置体制机制的意见》，首次将数据列为与土地、劳动力、资本、技术同等重要的生产要素，提出要培育数据要素市场。数据资源要成为数据要素，就需要通过数据治理将其资产化，才能有效发挥出其潜在价值。

数据治理首先要求在组织内部采用统一的标准和通用的"数据描述语言"，以便不同部门在运营过程中基于同一标准对数据进行跨部门汇总和整合分析；其次要求对数据进行确权，明确数据为谁所有，为谁控制，未来收益如何分配等；最后要求对数据质量进行评估，并对数据进行定价和交易，让数据在流动和应用中释放其蕴含的价值。

数据治理是一个复杂的过程，需要采用专业的方法论。阿里巴巴集团提出的 OneData 是一种重要的数据治理及资产化方法论。OneData 体系包括三个核心组成要素，其中的基础要素是 OneID，通过统一数据关联萃取，解决数据孤岛问题。当企业发展到一定阶段，部门和业务变得越来越复杂，各个部门、业务、平台、系统等都独立地管理与存储其数据，这些数据彼此孤立，难以关联，数据中的很多特征和价值都难以被发现。OneID 是通过将同一实体在不同数据库中的数据进行识别与关联，从而消除数据孤岛，实现数据融通，提升数据质量。

OneID 基于强大的数字身份识别技术，ID 之间通过映射打通关系，即 ID 映射。ID 映射可通过 ID 映射关系表建立多种 ID 之间的联系，比如对于用户数据，可依据他的手机号、身份证号码、用户名、邮箱、IP 地址、设备 ID 等信息，综合利用业务规则、大数据分析、机器学习、知识图谱等分析方法进行 ID 映射，将分布在不同数据库中的相关实体数据都映射归集到统一 ID（UID），保证企业核心数据身份的唯一性、一致性、完整性、相关性和准确性，将基于 ID 生产的标签聚合起来，得到关于实体更精准、更全面的数字画像。

OneData 体系的第二个组成要素是 OneModel，其目标是通过标准化数据建模进行数据资产的构建与管理。具体来说，就是基于维度建模方法，构建维度表、明细事实表、汇总事实表等，并在设计、开发、部署和使用等环节保证数据建模的规范和统一，从而有利于数据资产在分析、应用、优化、运营四个方面的管理，以降低数据管理成本。

OneService 是 OneData 体系的第三个要素，其理念是数据复用而不是数据复制。为了使系统拥有更好的性能和体验，OneService 通过构建服务元数据中心和数据服务接口，屏蔽底层的多数据源与多物理表，为各业务应用系统提供所需的数据。

数据资产化需要对数据进行规范的语义描述。高度可复用的元数据（如 xml 模式、通用数据架构）、参考数据（如代码列表、分类表、数据字典等）都是数据语义资产。要使数据成为优质资产就需要对其进行有效治理，并通过互操作实现数据共享，这都需要用到元数据（Metadata）。

元数据是一种描述数据的数据，包括数据目录、数据描述及标签或画像等，也就是数据资产的身份数据，就像一本书的书名、作者、出版社等。

元数据的主要目标是打通数据源、数据仓库以及数据应用之间的联系，记录并管理数据产生和消费的全过程，实现数据资产的分析和管理，也被称为 OneMeta。从用途上看，元数据可分为业务元数据和技术元数据。

①业务元数据主要从业务视角描述数据，包括维度属性、业务过程、业务指标等的规范定义，还有业务应用元数据，如业务报表和业务运营等描述数据。业务元数据是介于业务和数据仓库之间的语义层，主要供不懂计算机技术的用户使用。

②技术元数据主要存储数据仓库的结构和关系，通常用于开发和管理数据仓库，比如存储元数据、计算系统运行元数据和运行维护元数据等。技术元数据主要供开发者使用。

数据画像是一种解决业务问题的元数据应用，也称数据图谱，通常是一个标签体系，如基础标签、数据仓库标签、业务标签及潜在标签等。

为满足用户检索数据、管理数据等需求，还需要构建数据门户，通常为数据地图、数据目录等形式。

5

互联网与数字身份
模式演变及趋势

Metaverse

互联网的诞生是人类文明史上的重要里程碑，它为人类构建了一个虚拟的数字空间，并让现实世界的人们在其中进行交互。在互联网的发展过程中，新技术、新思想层出不穷，掀起了一次又一次的技术创新和革命。与此相对应，数字身份的模式演变也塑造了互联网的特征。

从阿帕网到万维网
（Web 1.0）

◆ 互联网的诞生与演变

　　20 世纪 60 年代末，美国国防部高级研究计划局（DARPA）建立了一个分布式网络系统，这就是互联网的雏形——阿帕网（ARPANET）。当时只是将四所大学的计算机系统连接起来，使用的通信协议也互不相同。1974 年，DARPA 的科学家们开发出一种能够使不同网络相互交流的"通用语言"，这就是传输控制协议 / 互联网协议（TCP/IP）。1983 年，TCP/IP 协议成为互联网的标准通信协议，我们可以将此视为互联网正式诞生的标志。

　　1989 年，在欧洲粒子物理研究所的实验室工作的英国科学家蒂姆·伯纳斯·李等人提出了万维网（World Wide Web，简称 WWW 或 Web）标准架构，包括超文本传送协议（HTTP）和超文本标记语言（HTML），设计了第一个 WWW 网页浏览器，还建立了世界上第一个 Web 网站。**这标志着万维网正式诞生，也被称为"Web 1.0"。**不过，当时并没有"Web 1.0"标准或范式这一说法，主要是后来为了与"Web 2.0""Web 3.0"等概念进行区分而命名的。实际上，不同时代的 Web 变革是标准化的通信协议驱动的组合创新。或者更贴切地说，它们是思想理念的创新。

Web 1.0 最主要的创新在于其底层协议都是开源的或开放的，这就保证了核心技术的中立性，没有哪个组织或国家可以单独控制它，从而让全世界的开发者和使用者能够被连接到一起。

为保证广泛的兼容性，Web 1.0 的互联网并没有包括数据存储和计算等层面的协议，基本上为"只读"模式。当时用户上网的主要目的是登录大型门户网站或新闻网站，以浏览新鲜资讯。这些门户网站其实是将传统媒体如报纸、杂志等内容转换成电子形式，但时效性有了飞跃性进步。Web 1.0 大多是以网站为中心，用户参与的程度很有限，主要是被动接受网站"投喂"的内容，是单纯的信息消费者。

◆ Web 1.0 时期的中心化数字身份

TCP/IP 协议是互联网的基础通信架构，它其实是一个协议家族，其中最核心的是 TCP 和 IP。早期互联网主要考虑信息的传输与交换，互联网地址体系主要识别的是网络上的物理终端，即计算机，而人并非网络上的直接端点。正如微软首席身份架构师金·卡梅伦所说的，"互联网架构没有身份层"，这其实是说，互联网上没有内置人的身份认证机制，因而早期互联网上的用户大多是匿名访问。1993 年，《纽约客》杂志上刊登了一幅标题为《在互联网上没有人知道你是一条狗》的漫画，这句话很快成为网络上的一句流行语。

在 Web 1.0 时期，主要用 IP 地址和网站域名来标识互联网上的计算机，由美国权威机构 IANA（互联网数字分配机构）统一管理。IANA 的主要职责是分配和管理互联网技术标准中的唯一编码和数值系统，也就是 IP 地址和域名系统 DNS。1997 年 1 月，IANA 正式确立了互联网上编号从"A"到"M"的 13 个根域名服务器，并沿用至今。IANA 因而成了互联网这个去中心化体系的中枢和命门，被称为开启和控制互联网的"所罗门之匙"，它也是互联网上唯一一个从一开始就以中心化方式设计的组件。

由于互联网底层架构没有身份层，用户身份管理都是网站或平台各自构建身份账号系统。用户要使用互联网平台的服务，首先需要注册一个账号，设置用户名 / 登录口令，还要上传各种个人信息，便于进行身份认证。这种身份管理方式都中心化集中管理，它们也被称为身份提供者（IDP）。

这种集中式身份账号管理体系造成的一个严重后果是，互联网上各个平台的身份数据互相割裂，身份体系被碎片化，加剧了平台的数据垄断和孤岛效应。用户访问不同平台需要注册多套身份账号或身份标识，用户的个人数据不能共享移植，也无法相互关联，形成了体验孤岛和数据孤岛，需要重复登录验证。

这种用户身份标识的不唯一、不统一给管理带来了巨大困难。依据网络身份溯源用户真实身份的链条极长，机制极其复杂。一旦有安全事件发生，管理者很难及时、准确地追溯到攻击源。

最严重的是，由于用户无法掌控自己的身份记录，数字身份的管理方可以在任何时候查封甚至关闭删除用户账号，从而有效地清除一个人的在线身份，这些身份信息可能是用户花费数年时间日积月累获得的，对他们来说价值重大，无法替代。

当前互联网范式与特征
（Web 2.0）

 引发数字经济大爆发的 Web 2.0

20 世纪 90 年代是互联网发展的黄金时代，但泡沫也在涌现。到了 2001 年秋，互联网泡沫破灭，不少人开始怀疑互联网的价值是否被高估。但这也标志着一个转折点——新的技术变革正在孕育，随后迎来了引发互联网蓬勃发展的 Web 2.0 技术。

其实早在 1999 年，信息架构咨询师达西·迪纽西就撰写文章指出，以静态网页形式加载到浏览器的模式只是 Web 的雏形，未来 Web 页面将具有实时交互的传输机制。

Web 2.0 概念正式出现在 2004 年年末，当时 O'Reilly Media 公司在旧金山举办了一次 Web 2.0 会议。在这次会议上，公司高层提出，尽管互联网泡沫破了，但互联网将创新一个新模式——Web 2.0，信息内容将从"只读"方式变为双向"交互"，即用户不仅可浏览内容，还能参与互动，自主创作和分享内容。在 Web 1.0 中，网页的交互性差，每次提交数据后，就会出现一个空白等待页，既不响应，也不能操作。Web 2.0 通过引入 Ajax 技术很好地解决了这一问题。

在 2004 年的 Web 2.0 会议上提出的初步原则中，第一条就有"网络作为平台"，这定义了互联网商业生态模式。网站变成了可实时交互的服务平台，用户从单纯的网络消费者变成网络参与者和内容创造者，开启了影响深远的平台经济或数字经济时代。

Web 2.0 倡导以用户为中心，专注为用户提供网络服务，让用户获得更好的交互体验。比如在博客平台上，博主可以发表自己创作的博文，访问者可与博主在同一语境内进行互动交流，用户从"参与者"转变成"主导者"。社交媒体平台开启了互联网的"草根英雄时代"。

Web 2.0 的另一显著特征是社交网络和自媒体的崛起，比如 QQ、微博、脸书、推特、微信、B 站等，方便用户与其他人交互与协作。Web 1.0 主要满足了人对信息搜索、聚合的需求，网络节点以计算机为主；Web 2.0 主要满足人与人之间沟通、互动的需求，互联网从机器网络逐步变成了关于人的网络。因此，Web 2.0 也常被等同于社交网络。

社交平台创新的一个范例是美国社交平台脸书（Facebook，即 Meta），它提出了"个人主页 + 关注"的模式，这是一个典型的以用户为中心的创新模式。其中的个人主页相当于"个人在线展览馆"，可让用户充分发挥创造力展示自己；"关注"功能则方便人们即时互动。脸书因此而成为全球最大的社交平台。

在过去的十多年中，Web 2.0 的技术形态和商业模式也在不断地演进，比如云计算、机器学习、大数据分析等技术涌现。在 Web 1.0 时代，数字广告的商业模式是将网页上的广告位卖给公司，按照用户点击率或上架时间长短收费，其本质是广告商寻找消费者。到了 Web 2.0 时代，商业模式则基于大数据，通过分析用户的特征和行为数据，给不同用户推荐个性化内容，精准满足用户需求。

2007 年，以苹果公司推出智能手机 iPhone 为标志，再加上 3G、4G 移动网络的普及，互联网进入移动互联网时代。移动互联网速度更快，可让图片、视频快速传输，还有更加易用的触屏操作，便捷的移动支付，这些都极大地改变了 Web 的形态。内容和服务更倾向以移动 APP 方式提供，微信、抖音等都是使用广泛的移动 APP。可见，在移动互联网时代，Web 功能日益泛化，各种 APP 越来越多，其影响已超过了传统 Web。

从经济的视角看，Web 2.0 大大加速了经济全球化和电子商务、金融科技的崛起，深刻地影响了世界经济发展模式。谷歌、脸书、苹果、推特、阿里巴巴、腾讯、字节跳动等网络巨头迅速崛起，成为在全球拥有上亿乃至几十亿用户的跨国网络平台。

◆ 联盟身份管理与以用户为中心的身份管理

为打破 Web 1.0 时代中心化身份管理的弊端，人们提出改由多个机构组建成联盟来进行身份管理。其实，在 Web 2.0 出现之前，就有商业网络组织尝试构建去中心化的在线身份体系。微软于 1999 年在 Passport 计划中最早提出了"联盟身份"的概念，允许用户在多个站点上使用相同的身份。但在这一模式下，微软是联盟的中心，它和传统中央集权机构拥有一样大的权力。

为了与微软竞争，当时的另一家互联网技术服务公司 Sun Microsystems 在 2001 年组织了自由联盟。他们试图超越中央集权模式，希望建立一个"真正的"联盟，但最终的结果仍然采用寡头式集权治理，只是中央集权式的管理机构被分成几个强大的联盟实体。

联盟身份在一定程度上解决了数字身份割裂的问题，用户可以在多个系统间自由访问。但每个单独的联盟网站依然是一个中心，大型网络体系之间不相互承认。为此，人们又提出以用户为中心的身份管理，无须联盟就可以跨多个机构进行身份管理。

2000 年，增强社交网络项目为创建下一代互联网提出了新的数字身份标准。其发布的白皮书提出，要在互联网上建立"永存的在线身份"，认为"每个人都有控制自己数字身份的权力"。他们还主张加强公民在社区中的联系和自我组织能力，以便更好地参与民主与社会治理。

2005 年，互联网身份工作室出现，他们提出一个与以服务器为中心的中央认证授权模式相对的新名词：以用户为中心的身份管理。后来以用户为中心的定义很快扩展到用户对其数字身份有更多的控制权、去中心化的信任等。

以用户为中心的身份管理应该包括两个必要环节：用户授权和互操作性，以便用户从一个服务平台转到另一个服务平台时共享身份信息。比如对于 OpenID 系统，用户在理论上能注册他自己的 OpenID，并自主管理、使用身份；但由于技术门槛的限制，大部分互联网用户更倾向选择一个长期可靠的网站的 OpenID 来登录网站。用户看似拥有了自主主权身份，但它可以随时被所注册的 OpenID 的服务提供商删除。

2008 年，当时的脸书公司推出了一项 Facebook Connect 服务，声称体现了真正的以用户为中心理念。用户可以将脸书平台的身份认证信息，包括档案照片、名称、朋友、群组、活动和其他资讯，用于其他网络平台；而脸书平台上的活动列表可以关联外部活动和邀请服务。

尽管这项服务的愿望是好的，但在实施过程中背离了以用户为中心的理念和原则。因为这一模式使脸书成为网络上唯一的身份供应商，中心化程度更高，权力也更大，系统可以随意关闭用户账号，甚至在 2021 年还直接关闭了时为前总统的特朗普的账号。

2008 年，微软公司的身份架构师金·卡梅伦等人提出"以用户为中心的身份元系统"，允许用户控制自己的数据，并可将数据积累起来，将其发布给第三方。他们大力宣传用户控制、许可和同意的价值观，但关键问题依然没有解决，用户需要连接许多此类服务提供商才能覆盖广泛的客户群，从而导致集成过程复杂耗时，并且也无法摆脱服务提供商及其单方面制定的用户协议和隐私政策。

当前互联网身份的危机与挑战

 互联网巨头通过"围墙花园"形成垄断

现在看来，Web 1.0 尽管有很多局限，但其一直秉承着开放和去中心化的原则解决信息传递问题，并且不以商业盈利为首要目的。而 Web 2.0 的发展却背离了互联网的初衷，很多协议转向专用模式，因为开源方式难以盈利。相应地，Web 2.0 也就逐步走向封闭，它通常为某个公司所有，以追逐高额利润为首要目的。

互联网巨头往往利用自己的技术优势，如云计算和大数据等，构建"护城河"，修筑"围墙花园"，逐渐形成了垄断。通常的套路是这样的：首先，平台通过优质的个性化服务吸引用户，让用户获得满意的体验；其次，通过大量的优惠或补贴，吞并其他的竞争对手；最后，获得足够多的用户后，也就占据了垄断地位，这时开始收割变现。平台盈利的方式通常为精准广告、平台抽取佣金等，还存在不少数据滥用问题，比如大数据杀熟，向第三方机构售卖用户数据或用户画像，被黑客攻击、泄露用户数据也不鲜见，这都有可能引发不可预见的风险。比如国内某网约车巨头，通过补贴大战吞并竞争对手之后，在网约车领域占据了垄断地位，随后逐步提高价格，并降低司机的分成，实现利润最大化。

在过去的十多年中，互联网企业的这套商业策略大获成功，崛起了一个又一个跨国互联网巨头，谷歌旗下拥有搜索引擎、浏览器、邮箱、视频等服务平台，其中搜索引擎就有43.9亿用户，占据市场90%的份额；安装安卓操作系统的手机用户数达20亿，脸书的用户数也超过20亿。

互联网巨头之所以能够吸引到如此庞大的用户群体，首先在于这些企业都在数字科技和商业模式上取得了突破性创新。它们通过重构信息流程和运作机制，有效地消除了信息不对称，大规模地降低了交易成本，以创新中介模式取代了传统的中介机构，极大地提升了社会效率，为人们带来了极大的便利。

Web 2.0通过用户身份账号体系，掌握了用户的各种个人信息；同时，用户在网上的一言一行都被一一记录下来，成为个人大数据。比如谷歌掌握着人们的搜索记录，脸书存储着人们的社交互动数据，亚马逊留存了人们的消费记录。基于大数据分析技术建立了精准数字广告体系，让用户获得了高质量的"免费"网络服务。比如谷歌的搜索引擎，给数以亿计的用户提供了高质量的信息搜索服务；脸书、推特通过社交平台将人与人紧密地联系起来；亚马逊、淘宝等电商平台让购物超越了时间和空间的限制；抖音则向用户推送吸引人眼球的视频内容，让很多人欲罢不能；优步、滴滴让用户轻点按键就可轻松通过网络约车。

然而，世上没有免费的午餐，所谓"免费服务"其实是以用户个人数据为代价获得的。Web 2.0 让用户从信息接收者变成了参与者和生产者。根据互联网价值的里德定律，网络数据的价值与联网用户的数量增长呈指数关系。而平台通过网络服务获取巨大流量（这里指的不是数据量，而是用户数量），再推送广告进行变现，利润也就相当可观。据统计，脸书、谷歌、亚马逊、苹果和微软在 2020 年的流水合计超过 1 万亿美元，收入近 2000 亿美元，其中数字广告收入占 90% 以上，谷歌、脸书这两家互联网巨头的广告收入几乎占据全美数字广告行业的 60%。

　　Web 2.0 都是由互联网企业运营的，其宗旨是企业利润最大化，因此往往将盈利放在用户体验之上。在服务过程中，广告通常占用了用户大量的时间和关注度。据调查，在前 50 个大型网络平台中，广告数据流量一直占据着很高的比例，以最极端的 boston.com 为例，文章下载只要 8.2 秒，而与此同时的广告下载却需要 30.8 秒。

　　Web 2.0 的用户身份数据完全由网络平台掌控，用户没有任何讨价还价的权力。平台可以按照其政策解释关停账号。用户创作的收益往往也都是归平台所有或被平台控制，这种商业模式对用户很不公平，因此，难以实现可持续发展。维塔利克·布特林（Vitalik Buterin）创建以太坊就是因为游戏平台《魔兽世界》随意剥夺他的职业技能。2004 年，当时的网易游戏市场总监黄华公开表示："所谓'虚拟财产'都属于游戏开发者。（游戏）就像软件一样，其著作权是属于软件开发者的。玩家只是游戏的'使用者'和'体验者'。"很多游戏公司的用户协议都有类似的条款。由此可见，从 Web 1.0 到 Web 2.0，用户从内容消费者转变成了内容生产者，但生产关系并没有发生转变。

　　很多垄断平台还通过不正当手段，防止竞争对手进入市场。国内就有互联网企业逼迫商家"二选一"。而国外手机巨头甚至利用垄断地位，直接从收益中收取高达 30% 的手续费，引发商家和用户的严重不满，但又无可奈何。

跨国网络巨头们的胃口并没有止步于经济利益，还将触角伸向了经济社会的各个角落。互联网平台通过数据分析和信息推送，操纵用户情绪和舆论。比如说，互联网平台一直宣扬"监管互联网将阻碍科技创新"等论点，为互联网监管施压；互联网平台通过大数据分析结果，投其所好地向特定用户推送明显虚假或低俗的泛娱乐化内容，造成谣言和低俗信息迅速蔓延。如果你在脸书上看了一篇关于特朗普的负面信息，系统将向你推荐更多有关他的负面新闻，这称为"群体极化"现象。据脸书公司前员工弗朗西丝·豪根爆料，其脸书平台为追求"天文数字的利润"，"传播仇恨、暴力和错误信息"。

部分互联网巨头甚至还有了与主权国家抗衡的实力，形成了超越国界的数字霸权。2021 年 2 月 17 日，澳大利亚众议院通过了媒体法，要求脸书和谷歌向澳大利亚媒体支付版权费用。谷歌和脸书都扬言要封杀整个澳大利亚。尽管谷歌最后屈服，但脸书让澳大利亚政府妥协。舍恩伯格在《大数据时代》中预言的"互联网大数据公司将挑战民主政府的最高权力"，现在已成为现实。2019 年，脸书公司发布白皮书，发行名为天秤币（Libra）的数字货币，这原本是主权国家才具有的权力。因此有人创造出"脸书斯坦国"（Facebookistan）和"谷歌王国"（Googledom）等具有讽刺意味的词语。

 令人触目惊心的身份数据泄露事件

互联网平台的集中式用户数字身份管理还有更严重的弊端，那就是大规模的数据泄露，会造成更大的风险。随着大数据分析和人工智能等分析技术的发展，个人身份数据的价值密度越来越高。这也吸引着众多黑客等不法分子的注意力。因此，越来越多的数据泄露和盗窃事件频频见诸新闻媒体，不仅泄露的数据量惊人，并且波及的范围涵盖各行各业。根据世界经济论坛发布的《2018年全球风险报告》，网络攻击、数据诈骗和盗窃已成为仅次于极端天气及自然灾害的风险，数据安全和隐私保护问题变得更加尖锐。

这些数据泄露事件，主要有以下几个特点。

第一个特点是数据泄露事件影响的范围广，涉及各行各业，包括各类数据。其中，互联网及科技行业应用用户身份数据最多，因此，这些行业的数据泄露占总数据泄露事件的比例超过三分之一，比如雅虎的30亿用户资料就被全部泄露。此外，脸书、苹果、谷歌、领英等国外互联网巨头，以及国内的新浪、天涯社区、人人网、百合网等，都曾发生过严重的用户数据泄露事件。甲骨文公司（Oracle）的数据管理平台BlueKai因为在服务器上不加密码而泄露了全球数十亿用户的个人数据记录。

政府及公共部门的数据泄露紧随其后。2016年4月，黑客从土耳其安全总局的服务器盗取了2.5GB的数据，其中包括近5000万土耳其公民的个人身份信息，这是有史以来最大规模的国家数据库泄密。为了证明其真实性，黑客还公布了土耳其总统埃尔多安的个人信息。2017年7月，瑞典交通管理局发生严重的数据泄露事件，数据包括瑞典全国所有机动车驾驶人信息，以及桥梁、地铁、道路和港口等敏感信息，甚至还包括瑞典警方和军方的车辆信息。这一事件不仅泄露了几乎全部国民的隐私，也给瑞典的国家安全造成重大损害，对瑞典政府的威信构成重大挑战,瑞典首相称之为一场"国家灾难"。2019年3月,美国联邦应急管理局泄露了230万灾难幸存者的个人信息。2019年5月,俄罗斯非政府组织 Information Culture(信息文化)的联合创始人通过调查发现,俄罗斯有23个政府网站泄露了个人保险账号,14个网站泄露了护照信息,总共泄露了超过225万普通民众、政府雇员和高级官员的个人信息。2019年9月,美国 vpnMentor 公司的安全专家发现,厄瓜多尔2000万公民隐私数据遭到泄露,包含完整的个人信息、婚姻状况、教育水平、财务记录和汽车登记信息。该国人口仅有1700多万,这意味着全体公民数据被窃,还包括了重复和已故公民的数据。

医疗记录是犯罪分子的金矿,其中不仅有个人信息,还有账单记录和健康数据。因此,医疗和保险行业是数据泄露的重灾区。2015年,新加坡医疗卫生网站被攻击,泄露了150万名患者的个人资料,其中包括16万人的开药记录。被盗取的数据中还包含了新加坡总理李显龙和数名部长的个人资料和开药记录。2017年10月,一家医疗设备公司存放在亚马逊云存储库S3上的47GB医疗数据遭破解,15万名患者的姓名、地址,以及医生的病历记录等隐私信息泄露。2015年,美国第二大医疗保险公司 Anthem 声明,黑客已盗取了该公司超过8000万客户的个人信息,甚至还包括该公司首席执行官的信息。被盗取的个人信息主要涉及社保和医疗证明。Anthem 最后赔偿1.15亿美元与客户达成和解。2018年,DNA 检测网站 MyHeritage 泄露了9200万注册用户的邮箱地址及哈希口令数据,万幸不是 DNA 测试结果和家谱记录。

银行被大部分人认为是安全场所,但实际上,银行也是数据泄露的重大受害者。信用卡数据、账单记录、账户凭证等都是金融犯罪分子的目标。2019年7月,美国第七大商业银行"第一资本金融公司"

宣布，大约一亿美国人和600万加拿大人的个人信息遭"黑客"窃取。

Dave是美国一家著名的从事开放银行相关工作的金融科技公司，主要为客户提供信用卡管理、小额无息贷款、报告信用记录等服务。2020年7月，Dave公司发布公告，承认数据遭到黑客攻击，包含750万用户记录的数据库被窃取。

世界各地资金云集的开曼群岛，也曾发生过数据泄露问题。2019年11月，黑客公布了开曼群岛国家银行的2.21TB数据。2020年12月，一家开曼群岛离岸银行公布，其涵盖5亿美元投资组合的备份数据被泄露，包括个人银行业务信息、护照数据甚至在线银行PIN码。金融安全专家认为，很多跨国银行都有严重的数据泄露风险。

个人信用数据通常包含大量敏感信息，也成了很多不法分子的目标。Equifax是美国最大的征信机构，拥有美国公民大量的敏感数据。2017年，黑客侵入Equifax系统，获取了1.43亿用户的信用记录，包括姓名、社会保障号、出生日期、地址等；2020年，南非信用机构Experian发生数据泄露，2400万南非人和793749个商业实体的信息被欺诈者窃取。我国国内还有征信公司违法查询征信信息获利，比如拉卡拉支付有限公司旗下的北京考拉征信服务有限公司就曾非法提供身份证返照查询9800多万次，获利3800万元。

第二个特点是事件频发，且泄露的数据数量巨大，并且呈逐年递增趋势。根据国际安全情报供应商RBS（Risk Based Security）2019年的报告统计，2015年到2018年，每年数据泄露事件数量在3000到4000件，到2019年9月30日，数据泄露事件高达5183件，2019年泄露数据量超过50亿条。据公安部第三研究所网络安全法律研究中心与百度于2018年联合发布的《2019年网络犯罪治理防范白皮书》披露，全球每分钟泄露的可标识数据记录为 8100 条。当然，公开报告的数据泄露事件很可能仅是冰山一角，还有大量数据泄露事件并未被披露。

数据泄露事件中 80% 都是个人数据泄露，涉及用户数动辄上亿甚至几十亿。

泄露数据的维度和颗粒度也很细，最多的是用户基本信息，如姓名、住址、出生日期、身份证号码、电话号码或邮箱等。很多泄露数据还包括用户账号／密码、用户生物特征识别信息，以及购物记录、财务收入、纳税信息、医疗保险、基因图谱等。

第三个特点是，数据泄露原因复杂多样，当前的大部分数据泄露是由黑客攻击导致的。从黑客的攻击方式看，超过 80% 的数据泄露事件中，黑客使用了网络钓鱼（Phishing）[①]、暴力破解登录凭证、使用丢失或盗窃的登录凭证（如简单的用户名／密码："admin/admin"或"root/123456"等）或"撞库"（通过已泄露的账户／口令以撞运气方式去登录其他网站）；还有使用了系统后门或者 C&C（Command & Control Server，远程的命令与控制服务器）、恶意软件（如木马等）、漏洞攻击（如 SQL 注入、PHP 注入漏洞）等攻击手段。

除了黑客攻击之外，内部人员（"内鬼"）或业务合作伙伴等，在利益驱使下，利用职务或工作便利，滥用特权账户，对数据库实施非授权访问，也是数据泄露的重要原因。加拿大加鼎信用合作社（Desjardins）、俄罗斯联邦储蓄银行（Sberbank），还有国内的智联招聘、趋势科技等都发生过此类数据泄露事件。

---

① 网络钓鱼（Phishing）是一种利用欺骗性电子邮件及假冒的 Web 网站链接来进行网络诈骗的方式，诱骗受害者泄露自己的个人数据，如信用卡号、银行卡账户、身份证号等。

还有不少数据泄露事件与数据库或服务器配置错误有关，大部分是由于人为错误或疏忽造成的。企业广泛使用的数据库系统 MongoDB 和搜索引擎 ElasticSearch 以及云服务器配置不当或错误关闭默认安全设置等，都容易让数据暴露或泄露。还有一些数据库根本就没有设置安全防护，公开暴露在互联网上。

　　用户数据泄露的后果很严重，最突出的是造成资产损失。据 Verizon 发布的 2019 年《数据泄露调查报告》统计，有 86% 的数据泄露事件是出于谋取经济利益目的。数据泄露成本最主要的是失去业务造成的损失，其他还包括系统检测与升级、事后分析与响应等。受到影响的还有企业品牌和声誉，这是无形的资产损失。IBM Security 发布的《2020 年数据泄露成本报告》中，调查分析了全球 524 家公司过去一年的数据泄露事件，平均损失成本约 386 万美元，其中医疗保健行业的数据泄露成本最高，平均为 710 万美元。泄露的数据有 80% 包含客户个人可识别信息（PII），每条记录成本 150 美元。数据泄露事件的影响通常会持续多年。对于国家和政府部门来说，大规模的数据泄露不仅会造成国家信誉和财产损失，严重的还可能危及国家安全。

　　数据泄露导致的个人损失成本没有定量化的研究，最常见的是用户隐私数据的泄露可能导致用户收到滥发的骚扰广告、垃圾邮件等。如果网上银行、支付宝、微信等账号与密码被盗窃，就面临着资金财产被盗窃的风险。用户账号中的虚拟资产也可能被盗窃。

　　用户身份和隐私数据被盗还有可能被犯罪分子用来实施精准电信诈骗或敲诈勒索。2016 年，山东省临沂市高三女孩考取了南京邮电大学，但就在距开学十余天前的 8 月 19 日，一个自称教育局工作人员的陌生电话打到了她妈妈的手机上，声称有笔 2600 元的助学金要发给女孩，但需要 9900 元激活助学金账号。由于骗子能准确说出女孩的很多个人信息，女孩信以为真，冒雨骑车去银行将自己的学费都存入了骗子指定的账号。当女孩发现被骗，突发心源性休克去世。最后，检察机关经过调查，认定女孩的死因就是电信诈骗。女孩的个人身份信息就是黑客杜某禹通过在教育部门网站植入木马的方式从数据库中窃取的。

✦ 数字空间的"鬼市"：暗网

众所周知，在 Web 1.0 早期，互联网上的网页不多，人们在网上"冲浪"通常使用门户网站或目录网站，雅虎、新浪、搜狐都是这一时期的佼佼者，但其搜索功能很弱。谷歌的出现引发了互联网搜索的革命，通过网络爬虫和 PageRank 等搜索算法，不仅提高了搜索的准确度，效率也得到了提升。

随着 Web 2.0 的到来，越来越多的商业网站实行会员制，建立其封闭的"围墙花园"，利用各种反爬虫技术，拒绝搜索引擎收录本站内容。这部分网站就是人们常说的"暗网""深网"等。

一般来说，整个互联网可以分为两大部分，一部分是能够被搜索引擎检索到的，称为"明网"或"表网"，这也是绝大部分网民经常访问的网络；另一部分是难以检索到的网络，需要利用动态网页技术访问，这部分网络称为"深网"或"隐网"，其范围很广，如政府网站、军事网站、企业内部网站或者收费访问网站等。

暗网是深网的一部分，但性质有很大不同。早期互联网往往是匿名的，但 Web 2.0 通过掌控用户身份信息和大数据，可以得到几乎全透明的用户画像，"棱镜计划"暴露了有的国家政府也建立了网络监听系统。因此，让互联网回归初心的呼声越来越高，比如人们可通过技术手段，获得"隐身"或匿名能力，这就是暗网，是一种地下的私密网站。

如果说"明网"是公共场所，深网是私人或会员制场所，那么暗网就是"黑市"。暗网最大的特点是匿名性和不可追溯性。当我们访问常规互联网网站时，一般要以数字身份登录网站系统，匿名访问时也需要以自己的 IP 地址或代理 IP 作为身份标识。而访问暗网的用户一般采用洋葱路由等技术手段隐匿自己的身份，且地址路径也不可追溯。这一技术来源于美国海军研究实验室（NRL）在 20 世纪 90 年代中期开发的身份隐私保护技术，其思路是，将消息层层加密成像洋葱一样的数据包，然后由一系列被称作洋葱路由器的网络节点接力转发，同时在转发节点层层解密，最后目的服务器接收到原始消息。其中每一节点只知道上一节点的位置，因而无法追溯路径，这样就使暗网具有节点难发现、服务难定位、用户难监控、通信关系难确认等特点。

暗网最早的用途是匿名通信，在 BBC 纪录片《深入暗网》中，互联网的发明者蒂姆·伯纳斯·李和"维基解密"创始人朱利安·阿桑奇接受访谈，详细介绍了暗网世界的匿名消踪特性。一旦进入暗网世界，你的相貌、职务、地理位置、联系方式、个人信用等，全部归结于一个词——匿名者，各国政府很难发现或进行监管，即使美国的"棱镜计划"也对此无能为力。

深网和暗网的规模有多大？网上有不少文章称，暗网占互联网信息的 96%，这实际上是混淆了深网和暗网的概念。根据 Bright Planet 公司此前发布的白皮书《深层次网络，隐藏的价值》（*The Deep Web-Surfacing The Hidden Value*）中提供的数据，深网包含的信息量是明网的 40 倍左右，价值更是明网的 1000 ~ 2000 倍。可见深网规模巨大，能访问的人数和数据量巨大。

但暗网作为深网的子集，实际规模并不大，原因是多方面的，一是暗网必须通过特殊加密工具才能访问，以最流行的洋葱路由 TOR 为例，据相关报告推测，日活跃用户不超过 200 万，并且有些国家还屏蔽了 TOR 之类的工具，能够上暗网的人数很有限；二是加密工具传输效率不高，比拨号网络快不了多少，这也是为什么很多暗网网站以文字为主，图片都不多，这与我们访问的常规网站中全是高清图片、音频视频的情况形成鲜明对比；此外，暗网网站域名不公开，而且还是动态变化的，大多数人很难获得。知名安全厂商知道创宇发布的《2018上半年暗网研究报告》研究证实，暗网在规模上要比明网小得多，因为 TOR 网络节点带宽不足以支撑超大网络流量。以 2017 年美国摧毁的最大暗网交易平台"阿尔法湾"为例，商户数量 4 万家，客户约 20 万人。有研究认为，我国内地上暗网的人数每天在 2000 人左右。

阳光照不到的地方往往容易滋生罪恶，暗网包含大量违法黑产内容是不争的事实。根据维基百科和维基解密的估算，暗网中的违法内容（如枪支、毒品、暴力、色情、黑客工具、被窃数据、极端思想信息等）大概占了 20%。早在 2006 年，暗网上就出现了一个名为"农夫市场"的网站，买卖各类毒品，6 年后被美国缉毒局摧毁。由于当时资金转账或支付使用的多是 Paypal 或 West Union，在全球都能被监控，一旦账户有异常交易，金融监管部门很快就会发现，因而当时暗网上很难出现大规模黑产交易。

变化出现于 2009 年。2008 年 11 月，一位自称中本聪的人发表了一篇论文《比特币：一种点对点式的电子现金系统》（*Bitcoin: A Peer-*

to-Peer Electronic Cash System），文中提出了电子货币"比特币"的概念及其实现算法。2009 年，首个比特币系统上线，开启了基于区块链的金融系统，这是一个去中心化的加密货币体系，没有发行方和监管方，全世界都能流通，采用点对点匿名交易，第三方无法识别交易双方的身份信息，且难以被追溯。因此有人说，比特币就是为暗网交易量身定制的。除了比特币之外，大量加密货币出现，如莱特币、达世币（Dash）、门罗币（Monero）等，也用于暗网交易。

加密货币出现后，暗网上的黑产交易日趋活跃，非法物品的种类也越来越多。"丝绸之路"是暗网上第一个获得商业意义上的成功的网站，并首次将比特币作为其"官方"支付货币。这个网站是由美国人罗斯·威廉·乌布利希在 2011 年 1 月创建的，其宗旨是"打造一个网上经济体，让人们体验在一个没有系统性力量（似乎指政府）的世界生活"，且其商业规则与以前的暗网黑市明显不同，比如严禁交易儿童色情相关产品，严禁使用假钞，而且管理非常严格，一旦违反规则，被查实后立即封号。另外，该网站还有类似淘宝的好差评、打折优惠促销等机制。有调查显示，其好评率达到 97.4%。该网站在短短两年多的时间，网站管理者乌布利希就非法敛财 8000 万美元。

随着销售规模及影响越来越大，"丝绸之路"引起了警方的注意，但一直无从下手，因为使用比特币让交易很难被追踪，而访问网站采用的"洋葱路由"技术又像剥洋葱一样，追查起来异常困难。警方后来通过收集大量的通信元数据，跟踪乌布利希的个人邮件、聊天记录、照片，终于在 2013 年 10 月将其抓获。后来还相继出现了"丝绸之路" 2.0 和 3.0，但也都很快被捣毁。

随着暗网上黑色产业链的发展，不断涌现出各种黑市平台，如阿尔法湾（AlphaBay）、俄罗斯匿名市场（RAMP）、梦想市场（Dream Market）、汉萨市场（Hansa）四大暗网平台，其中人气最旺的是"阿尔法湾"。"阿尔法湾"创办于 2014 年，经营者是加拿大人 Alexandre Cazes，其目标是成为暗网上的 eBay（美国知名电商网站，类似淘宝）。为了保障安全，"阿尔法湾"采用了双重身份认证。但到了 2017 年 7 月，"阿尔法湾"的服务器被美国 FBI 和加拿大警方掌控，管理者卡兹在泰国被抓，不久在狱中自杀身亡。几乎与此同时，汉萨市场也被荷兰警方控制。

比特币催生了暗网上的黑色产业链，而黑产的繁荣也推高了加密货币的价格。2021 年，比特币一度超过 6 万美元。无论是敲诈勒索的黑客，还是中东的恐怖分子，无不要求使用比特币支付。尽管各国警方一直在严厉打击暗网黑产平台，但旧平台被捣毁，新平台又不断冒出。时至今日，暗网上的黑产平台仍然是数字空间的顽疾，并没有得到有效控制。

未来互联网的新范式
（Web 3.0 与元宇宙）

 ## Web 3.0：互联网的新未来？

当前，技术在以前所未有的速度持续进步。就在 Web 2.0 出现后不久，人们开始探讨 Web 3.0 的概念，但众说纷纭，尚未形成一个公认的定义。

最早提出 Web 3.0 概念的是万维网创始人蒂姆·伯纳斯·李。他认为，HTML 主要供人类阅读，其中并不包含元数据，计算机无法理解其含义，因此，Web 3.0 应赋予数据含义，成为更智能、自动化程度更高的语义网（Semantic Web），后来蒂姆·伯纳斯·李将其称为数据网（Data Web），目的是让计算机读懂并理解网络上的信息，实现人与机器的无障碍交流。

与语义网密切相关的是曾经制定的万维网标准 XHTML。2000 年，当时 W3C 制定的 HTML 4.01 成为国际标准化组织和国际电工委员会批准的标准 ISO HTML。W3C 提出的方案是给 HTML 套上 XML 的外衣，这就是大名鼎鼎的 XHTML，其中 XML 是一种计算机和人类都可阅读的数据传输标准协议。

XHTML 标准逻辑严密，确实有助于让计算机理解文本结构，但它太偏重学术性。在实际应用中，很多开发者还是习惯使用 HTML 4.x 灵活（或模糊）的语法，XHTML 未得到业界认同。后来，来自谷歌、苹果、Mozilla 和 Opera 的工程师组建了网络超文本应用技术工作组（WHATWG），提出了新的 HTML 5.0 方案，W3C 将其发布为正式标准，XHTML 方案被废弃。新的 HTML 5.0 在之前规范的基础上，将所有表现层的语义描述都进行了修改或删除，还增加了不少表达更丰富语义的元素。

2014 年，蒂姆·伯纳斯·李看到日益严重的数据滥用和泄露问题，认识到互联网的关键问题在于数据控制。于是，他发起了互联网大宪章运动，呼吁用户和业界对互联网的未来展开广泛讨论。

2017 年年底，他提议实施 SoLiD 项目（Social Linked Data，社交互

联数据），这是一个开源的数据存储方案，其目的是让用户能控制他们在互联网上产生的数据，并决定数据被如何使用。

SoLiD 系统是在保护个人隐私的前提下共享数据，其解决问题的思路是，基于分布式网络，应用程序和数据完全分开，允许人们将个人数据存储在他们想要的地方，并有权决定是否将自己的数据授权给他人使用。SoLiD 系统的核心组件是"个人数据在线存储库"POD，用户的所有数据，包括身份信息、联系人、照片、评论等，都存储在其 POD 中。用户可以将数据存放在家里的计算机中，也可以储存在云服务商那里，数据的控制权掌握在用户手中。蒂姆·伯纳斯·李还创办了 Inrupt 公司，专门为个人用户提供数据存储服务。

SoLiD 系统还构建了一个统一的身份认证系统 WebID，任何应用程序或平台，只要支持 SoLiD 的身份交互规范，WebID 就能登录访问。

2014 年，以太坊联合创始人之一的 Gavin Wood 博士基于区块链，提出了另一种 Web 3.0 方案。这一方案有两个要素特征，一是无服务器和去中心化，采用去中心化存储和分布式计算模式，参与节点是平等的，不再使用数据中心和服务器的概念；二是采用了用户自主主权身份，即用户自主掌控自己的数字身份、个人数据和数字资产。

区块链采用高度冗余的方式和集体共识机制，以保障数据的不可篡改性，但其交易效率低，资源消耗却很高，这就决定了它无法承载一个巨大的网络，因此现在出现了成千上万种不同种类的区块链，它们之间不能互联互通，更无法互操作，形成了大量的数据孤岛。Gavin Wood 提出的波卡技术（Polkadot），可将多个区块链连接起来，组成一个大规模的区块链网络，以实现 Web 3.0 的愿景。

从技术演进的角度看，Web 3.0 不再简单地专注于性能和效率，而是强调重构互联网的数据控制权，即用户不仅可以交互和创造，其数据和资产也属于自己所有。Web 3.0 在技术实现上采用开源的点对点（P2P）加密协议，基于自主身份进行协作，业务流程基于智能合约自动执行，采用分布式技术维护，可消除传统的中介组织，实现一个"高效、公平、可信、有价值"的互联网。

Web 3.0 有很多优势。首先，去中心化架构的数据都是分布在P2P 网络上，通过密码学算法，确保只有授权的用户可以读和写，这样很难被黑客攻击，数据更加安全；其次，这种分布式网络结构更为隐秘，更有利于保护用户隐私；最后，数据的可移植性确保用户真正拥有自己的数据，并让个人数据能够在不同平台之间流畅地交互与共享。

现在人们越来越意识到数据的重要价值，数据不仅成为资源，也成为生产要素和资产，即数据资产。数据作为资产的价值在于其稀缺性，但数据形态抽象，传输或流动迅速，并具有无限可复制性和非消耗性，边际成本几乎为零。这就很难将其作为资产进行保护。

在 Web 3.0 中，数字成为资产，可作为非同质化通证，即 NFT（Non-Fungible Token）。NFT 有唯一标识，不能拆分，每一个 NFT 都各不相同。NFT 基于区块链，通过数学加密和编程契约让数字内容具有不可复制性，人为制造稀缺性而获得价值。它解决了传统数字时代因"复制粘贴"而无法保护数字化知识产权的难题。NFT 的作用相当于商品防盗版证书，它是资产确权的重要手段。

按照主流专家的观点，Web 3.0 不仅是一次技术变革，还将革新当前的商业运作模式，有助于打破当前互联网平台的封闭和垄断，实现互联网价值的重新分配，重构全球数字经济新秩序。表 5-1 归纳了不同 Web 范式的特征要素。

表5-1　不同Web范式的特征要素

Web范式	主要特征要素			
Web 1.0	平台创造	平台所有	平台控制	平台受益
Web 2.0	用户创造	平台所有	平台控制	平台分配
Web 3.0	用户创造	用户所有	用户控制	协议分配

当然，数据只有在流动和使用中才能发挥价值。因此，个人身份数据不是说不能授权给机构使用，而是要把数据的相关权益还给用户，用户将数据脱敏后自行授权机构使用。比如患者的就医数据，有利于医生诊断病情，脱敏后还可授权给医疗研究机构，通过数据的二次利用，推动新药研发和疑难疾病的治疗。

最近元宇宙概念的火爆，很多人认为元宇宙会带来互联网的变革。它与 Web 3.0 有很多共通之处，都是基于区块链，基于自主数字身份，使用数字货币、智能合约及 NFT 等构建独立的经济系统。但元宇宙的概念范畴偏向应用形态，包括利用虚拟现实（VR）/增强现实（AR）、数字孪生等技术实现高度真实感和沉浸感的 3D 场景和实时交互，更强调网络技术在人类文化、经济、社会、生活等领域的应用。可见，Web 3.0 可以作为元宇宙的底层基础设施。我们将在第 6 章继续探讨元宇宙的相关特性和技术。

无论是 Web 3.0 还是元宇宙，这些理念的提出都已经有一段时间。之所以在 2021 年受到社会各界的关注，主要是一系列爆发性事件的发生。特别是 2021 年 3 月，游戏公司 Roblox 在纽交所上市。公司在招股书中将其游戏产品定位成元宇宙，迅速在资本圈爆火。到 2021 年年底，其市值已经高达 770 亿美元。

而 Web 3.0 在 2021 年年底开始火爆，这主要得益于美国国会在 12 月 9 日的一次数字技术听证会。当时，共和党议员帕特里克·麦克亨利提出，美国应制定合理的互联网监管规则，确保 Web 3.0 革命发生在美国。

当然，关于 Web 3.0 仍然有不少争议。顶级风险投资基金红杉资本、A16Z 等纷纷重金押注 Web 3.0；但也有人对此不以为然，康奈尔大学法律和科技教授詹姆斯·格里梅尔曼认为：Web 3.0 是伪概念，是一种无法交付的产品。埃隆·马斯克发表推文"有人看过 Web 3.0 吗？我没发现"，并认为 Web 3.0 更像是一个市场营销术语。推特前 CEO 杰克·多西也连续发推文，认为 Web 3.0 架构还需要一定时间进行探索。但推特本身正在向去中心化转型，支持加密货币，并推出"超级关注功能"，让用户从中赚钱。由于争论激烈，路透社还将这个词评为 2021 年度科技热词。

✦ Web 3.0 数字身份体系

Web 3.0 的数字身份需要具备两个条件：一是由用户自主授权和管理，第三方不得随意访问和篡改，用户不用担心身份信息被泄露或滥用；二是去中心化，身份认证可实现跨平台通用。

为了让用户自己掌控自己的数字身份，美国 Blockstream 公司的技术专家克里斯托弗·艾伦在 2016 年提出自主主权身份（Self-Sovereign Identity，SSI），其目标是用户完全掌控个人身份的使用，用户是自己身份的支配者和管理中心，同时还能拥有安全性和完整的可移植性等。SSI 身份模式有以下三方面特征。

①可控性：用户必须控制谁可以查看和访问他们的数据。

②安全性：必须保证身份信息的安全，防止数据泄露与滥用。

③可移植性：用户必须能够在任何他们想要的地方使用他们的身份数据。

这种身份治理模式其实是将线下的身份管理模式搬到线上，也就是说，数字身份可以像身份证、护照等一样，放在用户信任的"数字身份钱包"里，由个人管理和控制。当需要获得服务时，用户再将数字身份复制或共享出来，交给网络服务或中介平台有条件使用。数字身份钱包可以存储在手机、信用卡、手环等物品的智能芯片中。

一个自主主权身份必须是全局性的、去中心化的，它将消除人们对身份服务提供商的依赖。或者说，个人的数字化身份与任何单一组织无关，没有人可以剥夺你的自主主权身份。一个人可使用一套数字身份访问多个数字空间，同时，还可以有多套身份凭证和密钥，分别适用于不同场合。

实施 SSI 身份需要解决两个关键问题。一个问题是保障数据的安全性，这通常使用基于密码学的策略来保护用户对个人数字身份的自主权和控制权，通常使用不对称密钥对，分别是公钥和私钥，公钥给验证者，私钥用于用户加密数据。用户通过提供加密后的个人信息，即可实现身份鉴别认证，保障用户数据和隐私的安全。

SSI 的另一关键问题是系统的可持续运行问题，这需要强有力的数字化基础设施来支撑数据的存储、检索，还有加密、解密等操作。传统的数字身份体系都是由商业平台提供存储和算力，对于 SSI 来说，基于区块链的去中心化身份可在一定程度上解决这一问题。区块链技术具有的不可篡改、公开透明、安全可靠等特性，很适合建立去中心化的可信数字身份体系。每个用户可以直接在区块链或分布式网络上登记身份，而无须向中心化注册机构申请。

去中心化身份关注最多的是去中心化身份标识（Decentralized Identifiers，DIDs），这是由 W3C 主持开发的互联网上的去中心化身份标准规范。DIDs 是由其所有者创建的字符串组成的身份标识符，这其实是一种全球唯一的统一资源标识符（URI）形式，它指向写有与用户身份相关属性信息的 DID 文档，具有全局唯一性、高可用性、可解析性及加密可验证性，不依赖任何中心化权威机构。

6

元宇宙与
数字身份

Metaverse

当前，数字新技术层出不穷，从云计算到移动互联网，从大数据到人工智能，从虚拟现实到物联网和数字孪生，为互联网的形态和生态变革奠定了基础。2020 年暴发的新冠肺炎疫情，极大地改变了人们的生活习惯和活动方式，经济社会的数字化转型速度急剧加快。在这些条件的共同推动下，元宇宙悄然兴起。

元宇宙技术要素及形态特征

 元宇宙的概念及特征

元宇宙被认为是下一代互联网，也是当前各种数字技术发展的综合体。它既具有大型 3D 游戏的那种沉浸感和参与感，也可以利用 Web 3.0 相关技术，构建与现实世界类似且超越现实的经济社会体系。

对于什么是元宇宙，目前业界还没有一个公认的定义。我们曾提出一个对元宇宙的概念性描述：元宇宙是网络中无数的数字空间及时间节点组成的多维时空，也可以说，它并非完全虚拟，而是与现实世界高度关联，且相互交织与赋能；同时，它在时间上又与现实世界平行同步；人们在其中都拥有数字分身和身份，并可在其中进行社交、生活、工作和创造。概括起来就是，元宇宙是可视化的互联网。元宇宙并不是一个新概念，这一术语最早来源于科幻作家尼尔·斯蒂芬森在 1992 年出版的小说《雪崩》。但这个构想理念并非他自己的首创。早在 1984 年，科幻作家威廉·吉布森在其科幻作品《神经漫游者》中就创造了"赛博空间"（Cyberspace，也称"网络空间"）的概念，这直接预示了 20 世纪 90 年代出现的互联网数字世界，也就是元宇宙的初始版。其对后世的科幻作品影响巨大，形成了所谓的"赛博朋克"文化。后来出现了很多类似的科幻小说和电影，比如《黑客帝国》《阿凡达》《头号玩家》等。而电子游戏的出现，为元宇宙提供了实现范式。1986 年，卢卡斯影业推出的游戏作品《栖息地》就是一个开创性范例，在这个游戏构建的虚拟世界中，有成千上万的虚拟形象，每一个虚拟形象的背后，都有一个精力旺盛且勇于冒险的人类，他们在其中可自主进行各种交互行为。元宇宙既脱胎于科幻小说或游戏，但又与它们有很多不同。与很多科幻小说描绘的那种身体和心灵分离的笛卡尔主义概念（即现实与虚拟只能观其一）不同的是，当前元宇宙在允许用户与虚拟环境进行交互的同时，仍然可与现实世界进行交互。因此，当前的元宇宙并非一个完全虚拟的世界，而是与现实世界紧密关联的数字时空，用户可以同时体验现实和虚拟空间。

为了更清晰地描绘元宇宙，Roblox 公司 CEO 巴斯祖奇提出了"元宇宙"的八大基本特征，其中数字身份名列首位，其主要功能是将现实世界中的人和物都映射到元宇宙的数字空间；其次为社交、沉浸感、低延时，并可随时随地访问，还要有独立的经济系统和文明体系。用户在元宇宙中的数字身份，应同时拥有形象化的数字分身和身份标识。另外，巴斯祖奇提出元宇宙还包括创造、娱乐、展示、社交、交易、开放等特征要素，目标是让人们在"元宇宙"中获得深度体验。

1987 年，纽约大学教授詹姆斯·卡斯出版了《有限与无限的游戏》。

这本书为元宇宙的运行模式提供了理论基础。卡斯认为，世界上有两种游戏，一种是有限游戏，目的是获胜；另一种是无限游戏，目的则是延续。人类在元宇宙中的生活应当是无限游戏。

风险投资家马修·鲍尔提出元宇宙应具有以下六项核心特征：①持续运行，②同步展示和即时响应，③无准入限制，④具有开放性和互操作性，⑤可在虚拟和现实之间无缝切换，⑥具有完整的经济功能，用户可在其中进行各种创造活动。鲍尔所强调的持续运行对应无限游戏，即元宇宙的运行模式不是传统回合式游戏，而是一直无限期地持续，不会暂停、结束或重启，与现实世界平行运转，这样才能保证经济交易的完整性。

本质上讲，元宇宙就是下一代互联网。它是与现实相互交织、互为作用的共享数字空间，通常具有 3D 形态，还有参与性、交互性、沉浸感和协作性等特点，并以 Web 3.0 为技术基础，打破了当前互联网的垄断，保护个人的身份、数据和资产等权益。它不仅仅是游戏，人们可在其中进行现场感的社交、工作和生活，创造价值。

图 6-1 是我们归纳的一个元宇宙的技术和经济生态架构图，其底层基础为网络和信息基础设施层，上面分别为 Web 3.0 技术和元宇宙形态层。上层为各种赋能应用及平台。

◆ 基于 Web 3.0 的经济生态系统

元宇宙具有独立的经济系统，这在很多方面与现实世界的经济体系类似。首先通过构建 3D 数字创作环境和交互社区，让用户在其中进行数字创造；其次通过数字市场，让用户进行自由交易，获得利益；最后还有基于 Web 3.0 的信任基础设施，包括通用的数字身份、数字货币和数字资产，并通过 NFT 对数字资产进行确权和保护，保证用户的虚拟资产和虚拟身份的安全，这构成了整个经济体系运行的核心基础和技术支撑。而在消费环节，主要是让用户获得沉浸感体验。

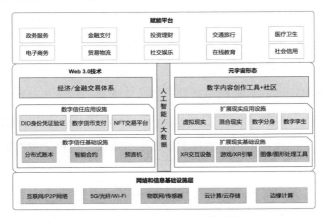

图 6-1　元宇宙技术和经济生态架构图

生产与创造是经济循环系统的开端。元宇宙中生产的主要方式是平台及内容生态，特别是用户创作内容（UGC），生产各种数字产品，如数字艺术品、自定义游戏，还有游戏中的角色形象、皮肤服饰、升级装备等。元宇宙中还有虚拟土地，用户可以在上面建造虚拟大楼，举办虚拟演唱会或虚拟展览，还可以利用创作平台通过积木组合方式，创作个人游戏。

元宇宙经济繁荣的前提条件是，平台提供越来越智能、强大的创作工具，并且使用要简单，降低创作门槛，以吸引大量的创作型用户。比如 Roblox 游戏开发平台，其本身并没有游戏，但能把 3D 游戏开发简化到只需要通过拖曳鼠标就能完成，其上的游戏数量多达几千万种。

有了作品，还需要相应的交易平台及规则，让数字作品流动起来，成为数字商品，进而再变现成为数字货币。数字商贸交易平台可以是类似淘宝、京东等集中式商务，也可以是去中心化的数字交易所；定价采取市场化方式，可以是一口价，也可以拍卖。

数字经济交易要以信任为基础。英国经济学家亚当·斯密认为，商业发达的社会往往信用水平也比较高，而世界上大部分国家经济落后的原因很大程度上是人们互相缺乏信任。元宇宙需要建立以区块链技术为基础的去中心化信任基础设施，比如数字身份、数字货币和数字资产等。

身份体系是经济社会运转和信任治理的基础。去中心化数字身份在元宇宙中赋予人们各种权益，其作用类似现实世界的身份证。国家主导构建的数字身份体系将可能是元宇宙的信任基础设施，它以当前居民的身份证数据为身份认证的基础，大大减少了信任建立的成本，提高了效率。用户还可以按照需要构造不同的身份凭证，以便应用于不同的场景，以最小的数据暴露，在数字平台获得满意的服务。

数字货币是元宇宙经济系统中的价值量度，也是信任治理的催化剂。与当前很多人设想的由平台或个人发行的公链加密数字货币不同，元宇宙中的货币也应该是由央行发行的主权数字货币，具有去中心化功能，同时还可通过跨链机制提升交易效率。

总的来说，元宇宙的经济系统更强调数字内容的创造和流通，更强调通过技术手段建立客观公正的信任环境。它与现实世界的经济体系平行，且同步运转，还可以对现实世界进行赋能或互动，促进现实世界的经济发展。

 以虚拟现实（VR）/增强现实（AR）定义的元宇宙形态

在应用形态上，元宇宙以 3D 可视化参与为特征，这通常是利用虚拟现实（VR）/增强现实（AR）等实现。

VR 指完全由计算机构建、渲染而成的场景。这既有现实世界场景的复制，也有完全不存在的场景。VR 属于计算机图形学（CG）的内容，即通过几何和光照计算实现 3D 物体及场景的真实感渲染，还可对光影、流水、风吹等物理现象进行模拟。VR 的目标是让虚拟场景尽可能趋近现实。VR 场景构建的关键技术主要有 3D 造型与动画设计，这需用到很多复杂的造型工具，如 3DS MAX、Maya 等。VR 能够模拟出的数字环境可以十分逼真，无论视觉、听觉都与人在现实世界的感觉一模一样，难辨真假，能让用户完全沉浸其中。

沉浸感是 VR 的重要特性。VR 可以使用普通显示器或手机获得基本体验，获得沉浸体验通常需要利用 VR 头显，其中双眼各有一个显示屏，以获得 3D 的视觉效果，还可通过 3D 环绕立体声获得听觉的沉浸感。

VR 的另一特性为交互性，是指用户可对虚拟世界中的物体进行操作，并获得即时反馈。通常的键盘、鼠标难以满足需求。比如你在虚拟世界抓取一个物体，用眼睛感知它的形状、颜色，用手感知它的重量和质感，还可以通过操控方式让物体移动，这通常需要利用空间定位系统，营造一个与现实世界获得方向感类似的环境。

VR 技术构建的是完全虚拟的场景，但元宇宙还需要与现实世界进行交互，这就需要使用其他的扩展现实（XR）技术。XR 并不是一种技术，而是多种技术的统称。比如增强现实（AR）是将虚拟信息叠加到真实世界的图像上，如提示文字、操作界面等；混合现实（MR）可以进一步将虚拟场景与现实世界无缝融合，让人与虚实场景之间形成了交互反馈闭环。

XR 的技术基础为计算机视觉（CV），目的是将现实世界与虚拟空间连接到一起，通常使用摄像头或其他感知设备对现实世界的物体进行定位、识别、跟踪和理解等，这很类似人眼和大脑观察理解世界的过程，需要用到很多人工智能（AI）技术。XR 的目标是超越现实。在 AR/MR 设备市场，微软的 HoloLens 等产品占据市场，此外还有苹果公司的 AR 眼镜和谷歌眼镜等。目前来说，XR 设备技术更为复杂，成本和价格也较为昂贵，主要用于商业用户，如辅助工业维修、医生手术等。

各类 XR 场景的渲染需要专业的平台。3D 游戏是最普遍的 XR 应用，游戏引擎是负责提供游戏各种场景和功能的平台，它所承担的任务包括模型渲染（3D 或 2D 模型）、碰撞检测计算、物理特性模拟、粒子特效模拟（如雨雪、烟雾），还有与场景和玩家的交互、声音合成与输出、脚本引擎、计算机动画、人工智能及场景管理等。

为了适应不同的显卡、不同的运行平台，游戏引擎的功能越来越复杂，所以大部分的游戏厂商都选择购买专业的 3D 游戏引擎，这样，游戏厂商在开发游戏时，可将主要资源和精力放在创意设计、美工及动画设计、关卡情节及互动策略等方面，程序开发者只要利用游戏引擎 SDK 就可完成最终的游戏产品，而不用关注图形学的技术细节。目前应用最广泛的游戏引擎为 Epic Games 公司的虚幻引擎（UE），还有 Unity Technologies 公司的 Unity 引擎。

用户创作内容是元宇宙生态的核心，即让用户通过开发平台、开发社区和素材商店，自行创作数字内容，如视频、游戏或者数字艺术品等。但当前的情况是，很多高质量、高沉浸感的游戏，大部分都是由专业人员开发，也就是专业创作内容（Professionally Generated Content，PGC），常用的 3D 建模工具，如 3DS MAX、Maya 等，操作都很复杂，门槛很高，很难为普通用户所掌握。

为了更好地适应元宇宙时代的个人数字内容创作需求，可以采用人工智能算法，辅助用户提高创作效率和作品质量，使创作者聚焦于创造性剧情设计，即 AIUGC。也可以完全应用人工智能增强 3D 内容创作，即人工智能创作内容（AIGC），完全通过人工智能生产内容。一般来说，AIUGC 具有较强的创新性，而 AIGC 主要是生产效率高，并可自发演进提高。随着时间的推移，人工智能创作的内容质量可能有一天会超过人类创作的内容。2021 年，清华大学等单位联合推出的人工智能学生华智冰，就具有写诗、作画和创作音乐等能力。

元宇宙中的设计创作更多还是强调多人协作，不同地域的创作者可以在元宇宙空间中汇聚一堂，根据不同的分工进行内容创作。英伟达公司的 Omniverse 就是这样一个开放的协作社交平台，其中的各种软件组件都围绕通用场景描述（USD）构建。USD 是 Pixar 公司在 2012 年提出的一种数据交换框架，2016 年成为开源软件，为 3D 模型的创建、编辑和组装提供了通用语言，它类似万维网中的 HTML 语言。Omniverse 将 USD 格式作为其各种 3D 应用软件的通用原生格式，这样也就能将世界各地的创作者连接起来，让他们利用各种应用程序进行实时交互、协作，共同设计或管理数字资产。

✦ 当前元宇宙的发展现状与趋势

尽管目前还没有完全的元宇宙产品，但市场上已经出现了一系列具有元宇宙特征的产品和平台，主要集中在游戏、社交等领域，并向各应用领域扩展，如工业、教育、艺术、收藏、公共服务、医疗卫生等领域。通过综合这些零散的特征要素，我们就可以勾勒出未来元宇宙的形态特征。

较好体现元宇宙特征的平台是美国 Epic Games 公司的《堡垒之夜》，这是一个大型游戏平台，上面有射击类游戏、逃生类游戏和创造类游戏。经过多年的发展，现在它已经演变成一个虚拟现实平台。

2020 年 4 月，说唱歌手特拉维斯·斯科特在《堡垒之夜》举办了一场沉浸式虚拟演唱会。在这场演唱会上，特拉维斯的数字分身乘飞船而来，载歌载舞，随着音乐节奏的变换，一个个奇妙的景象展现在玩家面前。这场演唱会吸引了超过一千万玩家同时在线观看，被视为元宇宙时代开始的标志性事件。

3D 虚拟现实是在元宇宙中获得沉浸感的重要技术，这一般需要通过 VR 头显实现。2012 年，Oculus 公司率先推出了具有较高性价比的 VR 头显。不久，当时的社交巨头脸书（现改名 Meta）收购了 Oculus 公司，很快在市场上掀起了一股资本投资 VR 的狂潮。随后，微软公司加入布局，推出了 HoloLens 头显。这些都是当前进入元宇宙的重要技术。

元宇宙还有一项重要特征是强调用户创作内容，最能体现元宇宙这一特征的是业界火爆的游戏 Roblox。Roblox 本身并不提供任何游戏，只提供开发平台、开发工具"Roblox Studio"，以及海量的设计素材，玩家自行开发具有个性化剧情、角色和空间的新游戏，并邀请朋友进入，一起体验玩的乐趣。Roblox 的所有游戏都由玩家自行开发，平台还设有社区和创作激励机制，吸引了大量的玩家。

Roblox 拥有独立的经济系统，包括数字身份体系、数字货币和交易支付体系。其发行的虚拟货币是 Robux，玩家可以用它来购买游戏和道具，开发者可以将挣到的 Robux 换成现实世界中的美元货币，让虚拟货币与现实货币可自由流通，这极大地激发了玩家的创造力。Roblox 建成了完整的游戏生态，吸引的月活跃玩家超 1 亿人。

区块链游戏是另一种元宇宙赛道，通常以 NFT 为基础。NFT 其实是一种数字信息的权益凭证，通过将数字作品上传到区块链上，实现对数字作品的确权；同时，非同质意味着其具有独特性和不可互换性。数字信息可以是图像、3D 模型、视频、音频等，可以是游戏中的服装（即皮肤）、装备、动作或表情，还可以是艺术品或收藏品、数字音乐、虚拟房地产、数字身份等。其法律定位是虚拟商品，更准确地说是加密艺术品。

NFT 是元宇宙中数字创作的价值承载与传递载体。以前数字艺术品可被随意复制，不具备收藏价值，很难进入艺术拍卖行，NFT 改变了这一局面。2021 年 3 月，数字艺术家 Beeple 的数字作品《每一天：最初的 5000 天》（*Everydays：The First 5000 Days*）在佳士得拍卖行以 6934 万美元的创纪录价格成交；同年 6 月，一张名为《加密朋克》（CryptoPunk）的主题头像，尽管只有 24 × 24 像素大小，却在苏富比拍卖行拍卖了 1100 万美元。

当前大部分 NFT 作品的使用价值并不高，更多的是溢价或炒作。区块链游戏可以帮助人们在元宇宙中创建自己的展览画廊，购买的 NFT 收藏品可在里面进行展出。*Cryptovoxels* 就是这样一款区块链游戏。在游戏中，玩家可以购买土地，在上面建住宅、开商店，特别是开设艺术画廊、音乐之家，还可以有广告牌或其他想象创意。该游戏还有社交功能，支持语音和 VR 模式的聊天。

区块链游戏通常是利用 NFT 人为制造稀缺，在此基础上构建经济生态系统，比如名人可刻意发行独一无二的艺术品，还有区块链游戏让用户在其中竞拍房地产，比如 *Decentraland*（去中心化之地）、*Sandbox*（沙盒）、*Cryptovoxels*（加密体素），不仅有装备、道具等数字物品，连虚拟土地都是 NFT 形式。游戏针对不同层次的玩家，设计不同的玩法。普通玩家可以社交、游戏，或者购买 NFT 商品、参观艺术博物馆、观看现场演唱会等，获得虚拟体验。高级玩家可以创建 3D 场景或模型作品，还可以在虚拟商店或二级市场进行交易，这也是玩家获利的主要途径。

社交作为元宇宙的核心要素之一，也是互联网巨头发力的重点。脸书是世界上应用最广泛的社交平台之一，其元宇宙布局最为积极，技术也最全面。早在 2014 年，当时的脸书就花 20 亿美元收购了 VR 设备供应商 Oculus，推出了 VR 设备 Oculus Quest 系列。

2020 年，当时的脸书就上线了其 VR 社交平台 Horizon。脸书还在布局数字货币，以及内容创作社区应用 Creator APP，为内容创作者提供视频创作、编辑、发布等服务，还围绕内容创作搭建社区。2021 年 10 月 28 日，脸书公司正式改名为"Meta"，扎克伯格对布局元宇宙的雄心可见一斑。

上述这些应用主要面向消费端应用，尽管其发展迅速，但仍然处于元宇宙发展的早期阶段。在商务端，元宇宙的发展与应用更为普遍。GPU 硬件厂商英伟达从加速图形渲染入手布局元宇宙，推出了实时图形仿真协作平台 Omniverse（意为"全能宇宙"）。它并非一个面向游戏的平台，而是为工程师和设计师提供一个协同设计空间，号称工程师的元宇宙。

PC 时代的霸主微软也已经将元宇宙作为公司的战略目标。在硬件上，微软有技术领先的 MR 头显 Hololens，并以云服务系列产品 Azure 为基础，通过数字孪生技术构建企业元宇宙，其混合现实平台 Mesh 则能够实现多方虚拟协作。微软还试图在游戏领域占据优势地位，比如

Xbox 游戏平台，还有飞行模拟等多款大型 VR 游戏。近年来，还斥巨资收购《我的世界》，这款游戏允许用户以高自由度的方式协同构建 3D 场景，而这是元宇宙应用的关键特征。2022 年 1 月 18 日，微软更是以 687 亿美元的天价现金交易收购视频游戏巨头动视暴雪。

　　国外已有不少工业企业开始与互联网企业展开合作，积极试验工业元宇宙应用。德国汽车制造商宝马集团利用英伟达的协同设计平台 Omniverse，设计了一座数字孪生工厂，各种物理资产包括设备、生产流程、机器人、装配部件、厂房建筑及员工等都被转化到数字空间。这一数字工厂可让宝马集团在全球生产网络的项目经理、工程师、设计师、资深专家等聚集到同一虚拟空间，共同协作，完成产品从规划、设计、模拟再到上市的全流程。微软与啤酒企业百威英博合作，试图打造工业－消费元宇宙。这一系统利用数字孪生、机器学习、混合现实、精准定位等数字技术，将现实世界和数字世界中的相关元素融合起来，实现生产、供应链、销售、能源和安全等全生命周期的虚实共生，让数据在虚实之间流动交互。

数字身份：
元宇宙中的数字主线

 数字主线

数字主线（Digital Thread）是美国空军和洛克希德·马丁公司在研

发 F-35 战斗机时提出的一个概念，又被翻译成数字线索、数字线程，还有人将其翻译成数字纽带，意为通过数据将设计师、制造商、供应商、运维服务商和终端用户紧密连接起来，以提升战斗机制造的自动化程度。

数字主线是在产品的生命周期内，将生产流程、相关数据和人员连接起来的一种技术架构，目的是优化运营，提高效率。美国空军将其定位为一种数据驱动架构，美国国防军需大学（DAU）将其定义为一个可扩展、可配置的企业级分析架构，而数字化转型战略咨询机构 CIMData 认为它是一种通信架构。

数字主线的关键是"连接"，也就是将生产过程整个生命周期的系统无缝连接起来，建立一个闭环系统，以消除数据孤岛，让数据在其上自由传输和通信。这一系统与现实世界紧密关联，首先数据在数字空间流动（虚－虚互连）；数据经过分析处理后，还要传输到现实世界的物理系统，通过数字空间与现实空间的交互（虚－实互连），连接并控制现实世界对应系统中数据的流动（实－实互连）。这其中，无论是数据源还是数字化模型，都采用统一的开放标准进行描述，产品在全生命周期各阶段产生的数据和模型，通过标准接口协议，在价值链中逐级传递，并可以追溯。

航空和军工领域是数字主线应用的最前沿。洛克希德·马丁公司曾率先将数字主线技术运用在设计和制造战斗机 F-35 闪电 II 的过程中，其带来的好处是可将工程设计数据与制造数据直接连接，极大地提升了军机制造、装配过程中的自动化水平。

在元宇宙中，数字主线就是数字身份。从本质上讲，数字身份的每一个凭证都互不相同，去中心化的数字身份凭证其实就是一种

NFT。NFT形态的数字身份和数字物品权益证明构成了元宇宙的经济信任主线。

 网络空间的标识与编码标准

元宇宙与现实世界紧密关联的关键是物联网，即通过传感设备和网络将计算机、物品和人都连接起来，映射到数字空间，进行信息交互和控制，以及状态的同步更新。这些传感设备就像元宇宙的"眼睛"或"耳朵"，感知现实世界。

物联网中的每一个物品都需要被赋予一个唯一的标识编码，也就是一个数字身份标识，它作为元宇宙的数字主线，将数据采集、传输、处理、计算、控制等环节关联起来。

在贸易领域，RFID标识或电子标签技术可以大大提高物流效率。物联网信任生态系统框架的核心部分是对象标识编码体系。目前国际通行的GS1编码体系，其最早来源于1973年成立的美国统一代码委员会提出的一套12位的数字标识条码UPC。1977年，欧洲物品编码协会（后更名为国际物品编码协会）成立，提出与UPC兼容的13位物品编码系统。1989年，这两大机构合作开发了UCC/EAN-128码，这是广泛用于物品追溯的条码标准。之后两大标准机构合并，更名为GS1，推出了GS1系统，也称全球统一标识系统。

GS1系统为全球范围内货物、服务、资产和位置提供了统一编码。使用最广泛的是全球贸易项目代码（GTIN），用于物流管理的系列货运包装箱代码（SSCC）、全球参与方位置代码（GLN），还有资产、服务等标准化代码。GS1编码能够以条形码形式来表示，以便在贸易流程中进行电子识读。GS1系统避免了各商贸机构使用各不相同的自行编码，提高了贸易物流系统的运转效率和对客户需求的响应能力，广泛应用于国际贸易和物流中，成为事实上的全球通用商务语言。

为适应物联网中 RFID 标签编码识别的需要，EPC（即产品电子编码）及相应的编码体系出现。由于容量限制，条形码一般只标识到物品类别，而 EPC 码的容量足够大，能做到全球范围一物一码，可用于商品防伪与追溯。

物联网物品标识编码的国际标准方案是 OID（对象标识符），这一方案采用了多层次树形结构对任何类型的物品对象进行全球唯一编码，无论是物理对象还是数字对象，都可以唯一编码命名，不仅全球无歧义，而且终身有效。

OID 编码体系应用广泛。医疗卫生行业使用基于 OID 的 HL7 标准对电子医疗档案、电子账单、电子文档格式、医疗机构的组织机构及其注册信息、工作人员档案等进行编码管理；在信息安全领域，X.509 标准利用 OID 标识定义 CA 证书和安全访问数据格式；物流管理中应用广泛的全球统一标识系统 GS1 也被纳入 OID 体系。

全球 OID 注册管理系统 OID-Info，其根注册系统由法国电信负责维护，我国于 2007 年组建了国家 OID 注册中心，负责中国 OID 分支的维护，以及国内 OID 的注册、管理、国际备案等工作。

在数字资源管理领域有一个应用较广的标识体系，是美国国家创新研究所（CNRI）开发的 Handle 系统，其 10 个根节点分布在世界各地，各节点之间实行"多根并联、平等互通"，我国的根节点位于青岛。DOI（数字对象唯一标识符）是 Handle 系统最常用的标识编码体系，其特点是独特的两段式编码，其中本地编码字段允许用户根据实际需求自定义编码规则。DOI 体系多应用在电子图书、数字期刊文献及参考链接、数据治理、图像处理以及电子商务中的知识产权保护等领域。

　　其他国家也提出了一些编码体系，如日本提出的 UID 及 UCode 体系，主要用于电器产品智能化管理；韩国提出的 mCode 编码体系，用于数字广告、促销优惠券等移动商务领域，旨在促进公众生活的便捷化；中国物品编码中心等部门提出的 ECode 标识体系，用于我国自主开发的工业互联网。这些方案各有特色和优势，但都处于发展早期，尚未得到国际标准认可。

　　除了物品标识编码技术，物联网数字身份框架还包括标识载体技术和标识解析系统。标识载体技术规定了标识编码数据的"载体"或存储读取形式。载体又分两类，一是被动标识载体，如条形码、二维码、RFID 标签、NFC 技术等，使用时需要借助读取设备；二是主动标识载体，比如通用集成电路卡（UICC）、基带芯片、通信模组等，这些载体可自行读取数据，安全性较高，是物联网标识载体的发展方向。数字空间中的对象通常使用数字载体，不需要物理世界的标识载体。

　　与互联网域名解析系统（DNS）类似，物联网或工业互联网也有标识解析系统，主要功能是将对象标识映射至实际的信息服务，如物品、地址、空间位置等。2016 年 8 月，中国工业互联网产业联盟发布了《工业互联网体系架构（版本 1.0）》，2020 年升级为版本 2.0。我国的工业互联网标识解析体系架构采用分层、分级的部署模式，最顶层为"根节点"，往下层分别为"国家顶级节点""二级节点""企业节点"等，最底层的"公共递归节点"为标识解析体系的用户侧入口设施，以递归方式实现公共查询和访问，可采用缓存方式提高服务效率。国家顶级节点与 OID、GS1 及 Handle 等不同标识解析体系的根节点对接，实现全球范围标识解析服务的互联互通。

数字分身：
元宇宙中的数字孪生

凯文·凯利曾预言，在社会数字化进程中，现实世界中的很多对象都将被映射到数字世界中，成为数字孪生。人在元宇宙中的数字孪生就是数字分身，这是人们进入元宇宙空间的方式。

在元宇宙，数字分身 90% 的属性可能跟人在现实世界中是同构的，只有 10% 不太一样。但正是这 10%，构成了未来几十年大部分数字创新的源头。

 元宇宙与数字孪生

数字孪生（Digital Twin）是当前与元宇宙密切相关的数字技术之一。

什么是数字孪生呢？有人根据字面意思，简单地认为数字孪生就是一个产品的虚拟现实形态，或者说就是在数字空间建立的虚拟对象。但实际上，数字孪生的含义远非如此。

NASA 针对航天运载工具或系统提出的数字孪生定义为：一个数字孪生，是一种集成化了的多种物理量、多种空间尺度的运载工具或系统的仿真，该仿真使用了当前最为有效的物理模型、传感器数据、飞行历史等，来镜像出其对应的飞行当中孪生对象的生存状态。这个定义明确提出了，数字孪生需要物理模型和传感器数据，涉及材料、结构和机械系统等领域。

我国工业和信息化部电子工业标准化研究院在发布的 2020 版《数字孪生应用白皮书》中的定义如下：数字孪生是以数字化方式创建物

理实体的虚拟实体，借助历史数据、实时数据以及算法模型等，模拟、验证、预测、控制物理实体全生命周期过程的技术手段。由此可见，数字孪生还包括仿真算法模型，可对物理实体进行模拟、验证、预测、控制。

从某种意义上说，元宇宙中的很多内容都可以有现实世界物体的数字孪生镜像对应。就像我们前面介绍的游戏《栖息地》那样，用户是通过控制其在元宇宙中的数字分身（即数字孪生），与其他用户或者 NPC（非玩家角色）进行交互。

数字孪生城市是对现实世界城市的高度仿真模拟，它不仅需要有精确的数字模型，还需要有及时同步更新的数据来源，是元宇宙与现实世界连接的重要形态。数据采集可通过物联网，这是一种"将万物相连的互联网"，基于无所不在的网络和计算，实现人与物、物与物之间的互联互通与数据采集。数字孪生对象的分析、预测、诊断、训练等各个环节之间、数字孪生与物理实体之间往往需要数据交互。数字身份可以作为这些交互的标识和数字主线，实现数字孪生对象与现实城市的数据连接和通信，共同构成一个"赛博－物理－社会系统"（Cyber–Physical– Social Systems，CPSS）。

新加坡在数字孪生城市建设方面处于领先地位。为验证数字孪生城市的应用效果，新加坡建立了一个数字示范区——榜鹅新城，将其新型身份系统 SingPass 应用到其中。在新冠肺炎疫情暴发初期，榜鹅新城利用身份系统，将每一名居民的活动轨迹都记录到数字孪生城市模型中，这些信息被用于对确诊病例及其密接者进行追踪定位，取得了一定成效。

✦ 数字分身

在账号身份系统中，一个用户的身份可能包括这几部分内容：一是身份标识，比如用户名、登录邮箱、手机号，或者身份证件编号等；二是个人信息，比如身份证上的性别、住址等；三是头像，通常为一张标识性的图片。无论是社交平台还是电商平台，头像往往是一个人在数字空间的直观表达，可以代表用户的性格、认知、情绪、需求或期许等。

在元宇宙的身份体系中，个人头像仍将继续存在和使用。比如在2021年8月，美国球星库里就花费18万美元购买了一个"无聊猿"头像。当然，他购买了这个头像并不意味着别人不能使用，而是这个头像是以 NFT 形式证明它归属库里。NFT 的背后是一串独一无二的代码，代表着其在区块链上的地址和私钥，可以证明这个头像的权属和身份，这就是 NFT 的价值和意义。

当然，这种低分辨率的 2D 像素头像只是当前 NFT 的一种表达形式。元宇宙的形态更多的是 3D 和 VR，类似 3D 游戏，其中的用户或玩家也需要有 3D 真实感风格的头像，很多 3D 游戏都允许玩家自行设计数字分身的形象，即现在流行的"捏脸"。

捏脸功能可以是用户自己创作，也可以交由专业人员设计。现在已经出现了"捏脸师"这个职业，就是专门为别人设计头像，以获得不菲的收入，这其实是一种特殊的 3D 设计师。

场景和人物的真实感是元宇宙的重要特征。为获得更加真实的人脸头像，设计师使用专业的 3D 图形设计工具，比如 3DS Max 或 Maya等，它们的用户定位都是专业设计师。3DS Max 的特点是建模功能非常强大，Maya 有着更出色的动画特效。3D 建模软件可以辅助设计师设计出人物的身体模型和动作脚本，还可以模拟出头发、服饰等复杂形状。

人的头像不仅具有高度复杂的细节，皮肤表面的材质也具有复杂的光学特性。为刻画形状或表面细节特别复杂的头像，还可以使用 ZBrush 工具进行数字雕刻，也称高模雕刻，让头像更加逼真。ZBrush 能够雕琢高达 10 亿三角形的复杂模型，但这个过程也非常消耗时间。

与元宇宙关系密切的另一概念是 MetaHuman（元人类或超写实数字人），这个概念源于美国 DC 公司的动漫作品，意为"具备超能力的人类"。但在元宇宙中，这个词代表着超写实的数字人。2021 年 2 月，Epic Games 公司推出数字人创建工具 MetaHuman Creator，这是一款基于云服务的软件，它能让普通用户在几分钟内创建照片级逼真的数字人类。美国加州 Brud 公司设计的 Lil Miquela，国内燃麦科技的 AYAYI，都利用了这一软件打造数字人类，很多人刚开始都以为是真人的照片。

MetaHuman Creator 还提供了强大的动画和表情控制面板 Control Rig，可引入非常复杂的规则集 Rig Logic，利用简单的控制点就可驱动关节和肌肉群运动；再利用面部纹理和形状混合（Blendshape），就可为人物生成栩栩如生的动作表情，如说话、唱歌，以及喜怒哀乐等。这些模型还可以导入 Maya 等更专业的动画制作软件，设计更复杂的动作。

不同人的动作和表情千姿百态。要将人的动作或表情迁移到数字人身上，可通过专门的"动作捕捉"技术实现，即在人的主要关节或运动部位戴上传感器，再通过信号捕捉设备采集并记录空间位置、运动速度等物理量随时间的变化，由此可以精准模拟出人的复杂动作和表情。

MetaHuman 具有现实生活中人类的外貌，但其创造力和智能很有限。那么如何在商业中应用这些虚拟数字人呢？当前商家的方法是找一个与之类似的真实人，通过动作捕捉生成数字人的动作和表情，这样的人被称为"中之人"。这样，虚拟数字人就可以应用到演唱会、商业代言、直播带货等场景。

《堡垒之夜》中举办的明星演唱会就采用这种模式，比如特拉维斯·斯科特的"天文"演唱会中，歌手就是一个"中之人"，无论是演唱还是舞蹈都来自真人的动作捕捉。

实际上，数字偶像并非最近才出现。2007 年，日本就推出了一个名为"初音未来"的"虚拟歌姬"，也就是音乐偶像。这是世界上第一个被广泛认可的虚拟人，在全球收获粉丝约 7 亿；2012 年在中国二次元音乐粉丝圈流行的虚拟歌手"洛天依"，也吸引了 451 万粉丝。但由于当时技术有限，这些虚拟人使用了渲染相对简单的二次元动漫形象，真实感不够，声音还是用音乐软件合成的，在真实感和写实方面与 MetaHuman 无法相提并论。虚拟偶像主要强调娱乐和商业属性，类似明星，但比真人明星具有更高的安全性。在现实中，艺人容易造成"人设翻车"，给相关公司带来损失。而虚拟偶像则完全没有这方面的问题，具有广阔的发展前景。根据艾瑞咨询的估算，2021 年的虚拟偶像市场规模或超过千亿元。

与很多大型游戏类似，虚拟数字人在元宇宙中通常是以 NPC 形式出现，它们在现实世界并没有对应的真实人类。NPC 在游戏中的主要职能是将玩家和游戏剧情串起来，协调故事发展。比如为玩家提供决策建议或引导下一步，控制游戏节奏；发布任务，或作为玩家的挑战对手；也可作为游戏剧情发展的关键角色或路人群众。在元宇宙中，NPC 将成为协同演进的关键要素。

元宇宙中的数字
公民与数字社会

◆ 从网民到数字公民

在西方文化中，2000 年被称为千禧年。而互联网经过 20 世纪 90 年代的酝酿发酵，在 2000 年前后开始进入爆发期。出生于 20 世纪 80 年代的孩子们从这一年开始陆续成年，走向社会。他们差不多伴随着互联网的发展成长，因而被部分人称为互联网的原住民。

同样在 2000 年前后，互联网在我国也开始高速发展，特别是腾讯 QQ 的兴起，让网络社交成为当时年轻人的时尚。与此同时，网络上兴起了一个新名词——"80 后"，用来指 1980—1989 年出生的年轻一代，80 后也是中国最早接触互联网的一代人。在互联网时代，人们常用网民或网友来称呼在互联网上进行活动或交互的个体或群体。但这其实是一个很宽泛的称谓，其内涵主要侧重网络使用者的行为特征。著名咨询机构高德纳认为，人类已在 2016 年进入数字社会。在数字社会，数字公民（Digital Citizen）这一概念，更适合描述那些参与到数字空间经济、社会、政治等领域的数字化活动中的个体。人们在数字世界作为技术的使用者和协作者而存在，并通过对现实世界的赋能，实现元宇宙公民的身份赋权。

与网民这一称谓相比，数字公民被赋予了政治、经济和社会等方面的权利，数字公民是国家公民在数字空间的映射。同时也负有相应的责任，即在网络及数字空间，其言行都应受到法律和伦理道德的约束，为自己在网上的言行承担相应的社会或法律责任。

在即将到来的元宇宙时代，哪些群体将成为其中的原住民呢？这个问题的答案众说纷纭。有人把 1996—2010 年出生的"Z 世代"作为元宇宙的原住民，但笔者认为更为贴切的还是所谓的 00 后，甚至是 2010 年之后出生的"阿尔法世代"。他们正在走向社会，元宇宙的兴起，将使他们成为第一代"元住民"或称"元公民"。

在元宇宙社会，"元公民"这一说法更具有包容性。那什么是元公民呢？首先，元宇宙社会有着高度发达的数字化生活环境，元公民需要熟练使用各种智能设备、虚拟装备及移动终端，能够自主进入元宇宙，熟悉各种社交媒体和游戏娱乐平台，参与元宇宙空间的各类数字化社交活动，能与其他参与者或者智能仿生人进行交互；具有数字化创作能力和数字资产的交易能力。

其次，元公民应该是"终身学习者"，不断学习新的数字技能，探索使用新型智能终端设备的方法，最大限度地发挥数字空间的价值潜力；同时还应具有解决数字空间问题的能力，如能够在线学习开拓元宇宙教育模式，判断数字内容的可靠性等。

最后，元宇宙是具有多维度虚拟特性的数字空间，人们在其中能够获得很多超时空体验和能力，社交方式、生活方式、工作方式等都将发生巨大变化，但其价值观，如社会公平和正义等，仍然要与现实世界保持一致。因此，元宇宙需要拥有自己的文明礼仪和法律规范，包括话语礼仪、行为规范，以及特殊的表情包、缩略词、谐音梗、象征性符号等使用规范。

元公民还需具有相应的数字治理能力。网络投票是数字化治理的重要方式。目前网络上形形色色的投票多如牛毛，但给人们的印象大多是拉票，这种投票的弊端是重复投票、拉人头投票，缺乏可信度和权威性，主要原因还是没有规范的体系。另外，元公民还应该有自己的权益通证，以便在元宇宙中的 DAO（去中心化自治组织）治理中参与投票，参与元宇宙社区治理。

◆ 数字社会与超智能社会

1995 年，麻省理工学院教授尼古拉斯·尼葛洛庞帝（Nicholas Negroponte）出版了一本影响深远的畅销书《数字化生存》（*Being Digital*）。这本书描绘了一个纯粹由数字化自组织形成的新世界。20 多年后，书中预言的很多场景都已成为现实，数字化社会的生存方式已经悄然嵌入我们的工作、生活及娱乐之中。

尼葛洛庞帝在《数字化生存》中提出 BIT 世界或数字空间的概念，它与我们生活的物理空间或现实世界相对应。物理空间的基本组成要素是原子（Atom），而数字空间的组成要素则是比特（bit，即二进制数位）。

这两个空间遵循着完全不同的法则。在物理空间，人类经过了几千年的发展演变，建立了国家、社会和经济体系，还有完善的法律法规和制度来规范人们的行为。而基于互联网建立起来的数字空间有着截然不同的特性。比特没有重量，易于复制，传播速度还极快，并且传播时能够轻易超越时空障碍。

现实世界是 3D 空间，如果将时间作为一个维度，可以构成四维时空；而元宇宙是基于 3D 现实世界的多维时空。现实世界与元宇宙的联系纽带就是数字身份。

元宇宙具有多维度、超时空的特性。在现实世界中，时间是不可逆的，也无法穿越。但元宇宙中，时间轴可以被轻易快进或者快退，现代人与古人进行交流与互动可以成为现实。

元宇宙中人与人交流的空间距离也能被轻易跨越。物理空间中很多人无法看到的事物，比如人的性格与心理特征、远红外或紫外等特殊条件景象，在元宇宙中也都可以通过相应的传感器获取数据并可视地展现出来。元宇宙中还可以轻松复制出现实世界的多重摹本，这也是多维世界的重要特征。元宇宙的这些多维度虚拟特性，使人们能够获得各种超越时空的体验和能力，这将改变人们的社交方式、生活方式、工作方式。

数字身份对于元宇宙或数字社会有什么重要作用？我们可以考察一下日本的"社会5.0"战略，也称超智能社会。"社会5.0"战略以信息和通信技术（ICT）、物联网、人工智能等技术为手段，秉承以人为中心的理念，重构个人与社会的关系，形成一个以人为中心的新型社会，让每个人都能在需要的时候获得高质量的产品和服务。同时，"社会5.0"战略还利用机器人、无人驾驶、无人商业和工厂等技术，大幅减少生产和服务环节对人的依赖，以应对老龄化社会带来的影响。

日本的"社会5.0"战略的基石为其国家数字身份体系"MyNumber"，这不仅可构建日本的电子支付体系，还有助于在国民健康保险、社会福利、酒店入住等场合进行在线身份认证。在2020年新冠肺炎疫情期间，政府在向民众发放疫情补助金时，拥有数字身份的公民领取补助金的效率大大提高。

"社会5.0"是一种数据驱动型社会，这有两方面的含义：一方面是利用物联网获取大数据，为民众提供个性化服务；另一方面是通过数据驱动人工智能和机器人技术，开发无人化的应用场景。

在数据感知与获取方面，日本大力发展物联网或信息物理系统（CPS），并形成专门感知人的网络体系——"人联网"，以获取经济社会运行中的人及相关设施的各种数据，特别是人的健康状况、生活习惯及行为模式等数据。比如，通过移动健康 APP 可以获取人们的身体状况信息，交通 IC 卡可获取人们的出行数据，通过分析公共交通监控视频就可得到车辆与行人的流量数据等，还有居民的网络购物消费数据、水电暖数据等，将所有数据汇聚起来，利用信息可视化技术，就能全面掌握整个社会的运行状况。

元宇宙信任
治理体系

Metaverse

信任是现代经济社会运行的重要基础要素，而信任往往构建在完善的身份体系之上，比如身份证和护照能够识别公民身份，驾照证明人们驾车的资格，学位可证明人们的知识能力等。通过信任治理，建立信任环境，将有利于让经济交易和社交更为安全、公平，个人隐私也能得到保护。

元宇宙信任治理要素及准则

信任关键基础设施治理

信任是现实社会社交、交易和交互的基础。去中心化网络和区块链将是元宇宙经济体系运行的技术支撑。人们在区块链上依靠共识机制建立起技术信任体系，实现用户节点的自我认证；而哈希算法和时间戳技术可提供底层数据的安全性、可追溯性和保密性保障，从而保证用户虚拟资产和虚拟身份信息的安全。

根据体系准入方式的不同，区块链大致可分为三种类型：公有链（Public Blockchain）、联盟链（Consortium Blockchain）、私有链（Private Blockchain）。公有链就是任何人在任何时刻都可以加入其中，不需要许可就可以读取或发送交易数据。公有链主要是以去中心化方式维护区块链设施的运转，通常是由"矿工"这个独特的角色，基于共识和激励机制来承担相应的维护工作。公有链的安全性和可信性很高，最具去中心化特性；但缺乏明确的责任主体，这为监管和追责带来了很大的困难。

联盟链牺牲掉一部分去中心化的特性，要参与或加入需要管理机构的许可，信任的建立较为复杂，但系统的运行和决策效率得到有效提高。而封闭的私有链更像一个分布式管理的数据库。这两种链的治理与传统互联网平台类似。

我们还可以按照区块链交易验证的开放性（验证/提交）和参与交易的开放性（读/写）等方面的不同，将区块链治理架构分为四种元类型。

①无须许可型，拥有适当硬件的任何人都可以验证或提交交易的治理架构。

②许可型，只允许若干选定节点验证或提交交易的治理架构。

③公共型，任何人都可以使用该协议参与交易的治理架构。

④私有型，仅选定的参与者可以使用协议参与交易的治理架构。

元类型通过组合，就可以形成区块链的四种治理类型：公共–无须许可型区块链、公共–许可型区块链、私有–许可型区块链、私有–无须许可型区块链，表7–1归纳了各种元类型的总体特征。灰点是验证节点，这意味着它们能够验证系统中的交易并参与共识机制；黑点表示参与者节点，它们可以进行交易，但不能够参与共识机制；大圆圈表示只有圈内的节点才能看到交易记录；没有圈意味着连接到互联网的每个人都可以看到区块链的交易历史。

治理模式是控制和指导区块链项目的方式，也是当前争议的核心。最初的公链都是在没有中心式控制和决策的情况下运行，所有机构利益相关者在决策中享有同等发言权，其好处是具有不可篡改性和安全性，有利于建立信任，但决策效率不高，也难以监管。而中心化治理

表7-1 区块链元类型

区块链元类型	说明	示例	图示
公共–无须许可型	此类区块链系统中的每个人都可参与区块链的共识机制。接入互联网的每个人都可进行交易并查看完整的交易日志	比特币、莱特币、以太坊	
公共–许可型	此类区块链系统允许接入互联网的人进行交易并查看交易日志，但只有限定节点可参与共识机制	Ripple（瑞波币）、以太坊私有版	
私有–许可型	此类区块链系统将交易和查看日志的功能限定给参与节点，由系统架构师或所有者确定谁可以参与系统，以及哪些节点可以参与系统	Rubix、Hyperledger	
私有–无须许可型	此类区块链系统限定谁可以交易和查看日志，但共识机制对外开放	Exonum部分	

意味着存在一个中央机构就服务的开发部署方向和实施做出决策，治理效率高。

当前各种类型的区块链，如比特币、以太坊、EOS 等，其应用目的和技术实现都各不相同。从更广泛的角度来看，元宇宙需要将不同的区块链联通，形成大规模的可信协作网络，这就是跨链技术，包括数据跨链、价值跨链和业务跨链。跨链技术不仅可为元宇宙的经济社会运转提供基础性信任设施，还可能重构现实经济社会的运行模式。

跨链技术可以看作连接各区块链的桥梁，主要应用于实现各种区块链之间的事务处理、资产转换、区块链内部信息互通，即构建区块链互联网。

跨链技术根据底层技术平台的不同可分为同构链跨链和异构链跨链。所谓同构链，就是不同区块链的网络拓扑、共识算法、安全机制以及区块生成验证逻辑都一致，其跨链交互及治理都相对简单；而异构链的跨链交互相对复杂，一般需要第三方服务辅助实施跨链交互。

✦ 个人身份及数据治理

人是元宇宙的主体，其中的每个用户都在源源不断地产生数据，这其中包含大量个人信息和隐私，它们是元宇宙信任治理的核心之一。区块链是信任基础设施，但并非所有个人数据都保存在区块链上。我们以去中心化数字身份为例，区块链上只是保存着去中心化身份标识和去中心化身份文档，而对于个人真实数据，通常链下保存。一方面是因为个人数据的数据量很大，在区块链上保存需要大量冗余存储，效率不高；另一方面，出于安全考虑，人们往往不愿意将真实数据发布到公共网络，即使采用加密措施，也很难保证绝对的安全。

链下个人数据存储（PDS）及治理是一个很复杂的问题。最简单的方法是用户自行存储和管理，比如存储在手机、U盘、硬盘或者光盘中，但这种方法的不足也很明显，那就是使用不便，安全性和可靠性不高，一旦硬件损坏，数据就会丢失。当然，用户也可以在家里建设个人私有云存储，比如NAS（网络附属存储）系统，安全性和可靠性大大提高。不过这种方式成本高昂，使用和运维管理技术复杂，绝大多数人都难以承担。另一个方案是使用专业的云存储服务，也就是我们俗称的网盘或云盘。为保障数据安全，云存储服务通常需要采取端到端加密保护。当然，云存储也有很多弊端，那就是服务质量参差不齐，一旦云服务关闭，那上面的个人数据都将荡然无存。此外，还存在隐私泄露等问题。这需要对服务商进行监管和治理。

目前已经有专门的个人数据存储解决方案，比如万维网发明者蒂姆·伯纳斯·李主持开发的个人数据管理工具SoLiD，基于Linked Data（链接数据）原理，以去中心化Web应用方式提供个人数据管理。此外，类似的工具还有MyDex、Digi.me、Hub of all Things、OpenPDS等。这些工具的目标都是通过提供个人数据存储与管理服务，让用户拥有真正的数据所有权。实际上，个人数据安全关系到每个人的切身利益，因此，个人数据存储和管理可以作为一项公共服务设施，由公共服务机构提供云存储平台，民众可在其上创建数据空间来存储个人数据，从而为用户掌控个人数据提供技术支撑。同时，这也便于国家相关部门对个人数据提供统一治理和公共服务。

个人数据治理的另一重点是数据隐私保护协议及条款。无论是电商商务、社交娱乐服务，还是云存储服务，用户使用平台服务或安装相应APP时，服务提供商都要求用户先签署一份提前拟定的用户隐私使用协议，篇幅通常为 6000 多字到接近 2 万字，章节层次嵌套，晦涩难懂，一般用户读完需要半小时以上。据调查统计，73.3% 的用户都不会花时间去仔细阅读弹出窗口中的隐私使用条款，而是习惯性地选择按"同意"后直接安装 APP。而用户的这轻轻一点，就把获取其隐私的权力轻易地交给了 APP。用户不知道自己同意的这些权限究竟是不是系统实现功能所必需的，也不知道商家拿这些数据会干什么。在现实世界，如果你去超市或商场购物，要是经营者要求你必须出示并复制你的身份证件，并让你授权他们获取你的兴趣偏好等隐私信息，你肯定不会答应。但在数字空间，这已经成了行业普遍的潜规则。

✦ 平台算法及智能合约治理

随着 Web 2.0 的兴起，网络服务逐渐平台化，这背后运转的核心就是算法。大数据往往经过算法的分析计算才能发挥重要作用。

算法也是元宇宙社区治理的关键。数字创造、数字货币、智能合约、数字资产，以及 VR/AR 场景及交互，背后都是由算法来控制。分布式算法、加密算法、智能合约等，可在互不相识的人群中很快形成共识，确保元宇宙应用的可信与可用。

算法治理是实现元宇宙信任治理的抓手，它主要包括三方面的内容：安全性治理，公平性治理，隐私保护及治理。

安全性治理主要利用技术手段进行治理。不合理的算法可能产生严重的后果，或造成数据泄露风险，或直接造成经济损失。2016 年，去中心化自治组织 The DAO 在其社区众筹超过 1.5 亿美元。当年 6 月 17 日，以太坊创始人在 Reddit 上发了一篇帖子，称 The DAO 遭到攻击，请交易平台暂停 ETH/DAO 的交易，包括充值以及提现。该项目使用的是由德国以太坊创业公司 Slock.it 编写的开源代码，其中的"递归调用"等漏洞被黑客利用，实施了两百多次攻击，总共盗走了 360 万枚以太币，当时约合 6000 万美元。尽管最后采取区块链分叉等措施减少了一定损失，但由于以前的交易不能撤销也不回滚，最后造成的损失还是很惨重。

我们再看看公平性治理。元宇宙是一个与现实平行的数字世界，公平性也是其重要的导向价值观。很多人认为，算法通常是客观的、中立的，但事实并非如此。在实际应用中，平台的价值观导向，算法设计者的偏好和倾向都将直接影响算法的公平性。当前，很多互联网服务平台并不开源，算法往往具有黑箱性质，系统运行逻辑不具有可解释性。从社会公正的角度来看，应该打破算法的这种黑箱模式，实现某种程度的透明化，这是算法治理的重要手段。

软件开源是这一问题的解决之道。实际上，软件开源的历史很悠久，20 世纪 70 年代，软件基本都是开源的。后来，微软创始人比尔·盖茨在 1976 年发表《致计算机爱好者的一封公开信》，提出软件具有版权的理念，从此闭源就成为软件行业的主要趋势。过去，很多互联网企业对开源持反对态度，他们认为算法属于私有财产，算法透明化将会泄露其"商业秘密"。另外，还有人提出，算法透明化会暴露系统的弱点，这可能被黑客恶意利用，削弱系统的安全性，带来新的未知问题。现在，越来越多的人逐渐认同软件开源。

平台的商业模式也是算法公平性治理的重要内容。商业模式通常是利益导向的，定价歧视、流量限制等都是商业模式在算法中的体现形式。通过商业模式的监督和监管也可以实现对算法的治理，特别是对于垄断性网络平台，不仅需要强化反垄断调查和执法，还需要通过建立算法伦理规范和商业道德准则进行治理，促使网络巨头履行相应的社会责任。

公平问题是一个涉及面很多的社会问题。实际上，对于交易博弈的双方来说，一方得到最佳结果，对于另一方可能就是最坏的结果。这正如古希腊哲学家所说的，公平就是最好与最坏的折中与妥协。身份信息治理要权衡多价值目标，兼顾各方利益。在算法歧视中，用户之所以感到被歧视，实际上是由于其收益与预期相悖。如果为保护个人隐私而把个人数据全部封闭起来，虽然不会有隐私泄露问题，但数据不分享、不使用就不会产生价值，也不利于社会发展。要想有序管理个人数据，就需要通过技术手段、政策法规、监管监督、评估问责等一系列环节，让数据开发使用流程和机制公开透明，消除公众对隐私泄露和滥用的疑虑和担心。

数字信任治理需要打破互联网巨头对市场的垄断，塑造公平竞争的良性市场环境，有利于中小企业的成长和崛起。互联网的超域性可以打破地域限制，这本有利于市场竞争，但低边际成本又会引起很强的市场集中现象，出现"马太效应"，更大范围的用户越来越倾向使用大型互联网平台，形成垄断平台，这种客户信息的不对称就阻碍了中小企业的发展。身份治理应关注互联网巨头对用户数据的垄断问题，通过采取治理措施，形成商业数据开放共享、合作共赢的生态化市场机制；建立公平合理的利益分配机制，让用户也能从数据价值开发中获得适当收益，实现各方利益的最大化和均衡化，这是信任治理的重要途径。

在元宇宙中，人工智能的应用越来越广泛。人工智能可帮助人们完成很多复杂的工作，比如机器人可以完成大量繁重的体力劳动，人工智能算法还可以下棋，甚至可以击败世界冠军；还可以作画、写诗或文章。但人工智能使用不当，也会给人们的权益带来更为严重的损害。

元宇宙中的个人隐私问题也非常关键。人们的数字分身可以做到几乎与现实世界中的人一模一样，包括人们的生物特征、性格特征、行为习惯，以及财务状况、金融记录和健康记录，推荐算法可利用这些数据为人们带来诸多便利。但如果使用不当，就可能给人们带来麻烦和损失。

隐私问题已经得到了全世界的关注。我国也在 2021 年 11 月正式实行了《个人信息保护法》，还有《民法典》也对个人隐私保护做了相应的规定。几乎同时，国家网信办、工信部、公安部和市场监管总局等四个部门还联合制订了《互联网信息服务算法推荐管理规定》，专门针对推荐算法做出规定，保护用户权益。该规定首先要求，用户拥有对相关算法的知情权，可要求服务提供者公示服务的基本原理、目的意图和主要运行机制等；其次，用户还有对算法的选择权，即用户可以选择不针对其个人特征的选项，或者关闭算法推荐的服务；最后，还规定了向未成年人、老年人、劳动者、消费者等主体提供算法推荐服务的规范，比如不得诱导未成年人沉迷网络，不得根据消费者的偏好、交易习惯等特征，利用算法对消费者进行价格歧视或大数据杀熟等操作。

◆ 信任服务及治理准则

传统信任可被视为委托人与代理人之间的二元关系，主要为人际信任。而在数字空间，在共享经济情境中，信任体系的参与者包括消费者、提供方和共享平台三方，信任关系除了人际信任之外，还有技术信任。

对于人际信任，信任治理的维度包括能力和品行等。与此相对应，麦克奈特（McKnight）等人提出技术信任的三个维度，分别为功能性、有用性和可靠性。莱特纳新伽姆（Ratnasingam）和帕夫洛（Pavlou）针对电子商务情境，将技术信任定义为对交易基础设施和底层控制机制的信任，强调互联网物理层对交易安全的保障，如交易机密性、完整性、认证性和不可抵赖性等。

信任治理通常需要对信息和系统进行保障评估。当前，在信任服务评估领域受到广泛关注的是美国注册会计师协会（AICPA）提出的信任服务原则（TSP）或信任服务准则（TSC）。

TSP 是一套国际公认的认证和咨询业务的控制准则，适用范围可以是整个实体组织，也可以是子公司、部门或运营单位。TSP 的治理目标如下。

①网络基础设施，包括物理结构、IT 设施和其他硬件（如计算机、设备、移动设备和电信网络）。

②软件，包括系统软件，如操作系统、中间件和实用程序，还有应用程序和 IT 服务软件。

③人员，参与系统治理、操作和使用的所有人员，包括开发人员、操作人员、实体用户、供应商人员和管理人员等。

④流程，各种自动、手动业务和技术流程。

⑤数据，系统使用或处理的事务流、文件、数据库、表和输出。TSP 的这些目标基本都是传统互联网范畴，元宇宙中也都有类似的对应物。

最新版的 TSP 100 主要包括以下几方面准则。

第一项准则是安全性（Security），主要是保护信息和系统，防止未经授权的信息披露、未经授权的访问以及对系统的破坏。这些都可能损害信息或系统的可用性、完整性、保密性和隐私性，并影响实体实现其目标的能力。

信息保护是指在信息的收集或创建、使用、处理、传输和存储过程中对信息的保护，也包括相关系统。而安全性的关键是制定通用准则，控制对系统及相关设施的未经授权的访问，既包括物理的，也包括逻辑上的。安全控制可以防止或发现诸如对职责分离的破坏、系统故障、软件的滥用，以及对信息的不正当访问或使用、更改、破坏或披露等。

第二项准则是可用性（Availability），是指系统所使用的信息以及提供给客户的产品或服务是可获得的。可用性在目标上并没有设定最低可接受的性能水平，也不涉及系统特定功能或可使用性（Usability，用户将系统功能应用于执行特定任务或解决问题的能力）。它主要是看系统是否可控，并支持操作、监控和维护。

第三项准则为处理完整性（Processing Integrity），即在提供服务或商品的生产、制造或分销等方面，其处理过程是完整的、有效的、准确的、及时的。完整性为系统是否实现了它们存在的目的，以及它们是否以不受损害的方式执行其预期功能，且没有错误、延迟、遗漏以及未经授权的操纵。

第四项准则为保密性（Confidentiality），是指保密信息受到保护。什么属于保密信息呢？通常是要求信息保管人（如持有或存储信息的实体）限制其访问、使用和保留，或将其披露给各方（包括那些可能在其范围内获得授权访问的人）。保密性要求可能包含在法律法规中，或包含在对客户或其他人做出承诺的合同或协议中。

第五项准则是隐私（Privacy），包括个人信息的收集、使用、保留、披露和处置，以满足实体目标。保密性适用于各种类型的敏感信息，而隐私仅适用于个人信息。

去中心化身份规范体系

在元宇宙中，数字身份采用去中心化模式或 DID。这有多方面原因，其中最主要的是用户对个人数据和隐私保护意识的增强，世界各国纷纷出台个人数据保护的专门法律。目前，全球互联网标准组织万维网联盟（W3C）正在制定去中心化身份及相关标准规范，已初具雏形。2017 年，微软、埃森哲、IBM、以太坊企业联盟、超级账本、万事达卡（MasterCard），还有国内的微众银行等，联合成立了去中心化身份联盟（Decentralized Identity Foundation，DIF）。欧盟也正在加紧制定相关的技术标准和实施方案。就连长期没有统一数字身份的美国，其国土安全部也在大力资助去中心身份技术的研发。

◆ 去中心化身份标识技术架构

去中心化身份标识符（DIDs）可以在分布式账本上标识特定主体（即人、组织、设备、密钥、服务等），并通过加密的专用通道实现主体之间凭证的交换和验证，通常不需要传统中心化身份注册机构和机制。

去中心化数字身份大概在 2014 年被提出，很快就得到业界的关注。W3C 是 Web 技术领域的国际标准化组织，其下属的 Web 支付工作组和 W3C 可验证声明工作组专门负责制定 DID 标准规范，包括 DID 标识符、DID 文档、数据模型等。2019 年 11 月，工作组发布《DID 规范》工作草案 v0.1，经过不断修改完善，于 2021 年 8 月发布了《DID 规范》v1.0，并很快在同年 10 月发布了《DID 实施指南》v1.0，同年 11 月发布了《DID 规格注册库》以及《DID 方法说明》等一系列规范文件。

按照《DID 规范》，DID 技术架构的核心构成要素主要有去中心化标识符（简称 DID 标识符）、DID 文档和可验证数据注册库（VDR）。DID 标识符和 DID 文档保存在 VDR 中的全局键值对（Key-Value）中，DID 标识符作为键（Key），DID 文档是其值（Value）。此外，DID 描述的对象称为 DID 主体，DID 控制者是可对 DID 文档进行变更的实体（人、组织或处理软件）。这些要素相互作用，构成了去中心化标识体系的基础层，图 7-1 为 DID 架构和组成结构。

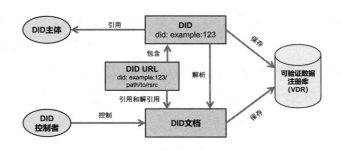

图 7-1　DID 架构和组成结构

① DID 标识符。

DID 标识符是 DID 体系的入口。去中心化对标识符的要求除了满足去中心化的要求外，还需要具有持久性、全球可解析性、加密可验证性。目前常用的标识符有 UUID（通用唯一标识符）和 URI（统一资源标识符）等，其中 UUID 是国际标准化组织（ISO）提出的全局唯一标识符格式，不使用集中式注册机构即可提供全局唯一性，但不能进行全局解析；URN（统一资源名称）利用名称定位资源的 URI，可以进行全局解析，但需要中心化注册机制。UUID 和 URN 都不支持以加密方式验证标识符的所有权。

DID 标识符是一种 URI 方案，具有全局唯一性，并且采用分布式账本技术注册管理，不需要中心化的注册机构，具有去中心化的持久便携特性，可实现用户自主可控。DID 标识符由算法自动生成，同时还会生成一对密钥：公钥和私钥。公钥与 DID 的绑定关系发布到分布式账本上，从而将身份相关数据锚定在区块链上；私钥则由用户保管。

DID 标识符具有以下形式：

"did:" + <did－method> + ":" + <method 特定的标识符 >

其中 did 为模式，<did－method> 为注册特定 DID 的厂商缩写。如 did:example:123456789abcdefghi 就是一个 DID 标识符实例。其中开头的 "did" 为模式，类似 http 协议的模式；随后的字符串（上面例子中的 example）为 DID 方法，对应一系列公开标准操作，如执行 DID 的创建、解析／验证、更新和停用。每一开发商的分布式账本都有专属的 DID 方法，其 DID 方法需要向 W3C 注册，以便于被 DID 解析器辨识。

为集成现有 URI 网络位置标识方法，DID 使用了 DID URL 表示资源的位置（如路径、查询和片段）。W3C 对 DID URL 的 ABNF 语法描述规定如下：

<did－url = did path－abempty ["?" query]["#" fragment]>

其中 path－abempty 为路径，query 为查询，fragment 为片段。DID

解析就是由 DIDs 获得 DID 文档的过程，这通常使用 DID 应用方法中的"读取"操作。

很多人在网上习惯使用电子邮箱或者手机号作为身份标识符，但使用这种方式，个人数据容易被跟踪、关联和归集，可能导致安全风险。另外，在现实社会中一个人往往有多种角色，在单位他可能是个软件工程师，回家了可能是个父亲，业余时间还有可能是个收藏家。而 DID 基于开放标准，用户可以拥有一个或多个 DID，分别适用于不同的应用场景。

DID 可被分为两类，一类是公共 DID，主要用于政府颁发的实名身份。如果用户希望将自己的真实身份数据开放共享，可以选择使用公共 DID 与个人数据链接起来。另一类是成对唯一 DID，用于标记一对关系，可采用化名方式，也称私有 DID，这种 DID 只能在链接中的双方交换使用，任何第三方都不可见。如果用户希望保护自己的隐私，可使用成对 DID 进行匿名身份交互。

DID 身份系统采取默认匿名的策略。不同 DID 使用不同的密钥对，并限定使用范围，且彼此之间没有联系，即使丢失或被窃，用户也可以很轻易地生成一个新的 DID 标识符，这样偷窃 DID 就没有价值了。

② DID 文档。

DID 文档也称 DID 描述符对象，它可被视为一个 DID 身份主体信息地图，主要包含与身份验证相关的条目，如 DID 标识符、公钥列表及详细信息、DID 身份验证与授权方法、用来实现与实体可信交互的服务端点、文档时间戳（可选），还有 DID 持有者的数字签名（可选）等。

DID 文档在结构上主要有以下两种形式。

第一种是数据模型形式，主要包括各种数据属性，比如核心属性

（DID标识、控制者、认证者）、扩展属性（如以太坊地址等），还有未在 W3C DID 规范内登记的属性。属性名或键名都是字符串，而属性数值的类型则多种多样。

第二种为表示形式，将数据模型表示序列化，生成具体形式的表示形式，通常使用 JSON 或 JSON-LD 格式[①]。可通过 URL 等特定形式链接到第三方平台或网站系统，以查询相关身份信息。

值得注意的是，无论 DIDs 还是 DID 文档，都没有记录与个人数据相关的任何真实信息。仅凭 DID 规范中的信息，无法验证一个人的身份。因此，DID 标识符和 DID 文档可记录在区块链账本上。而身份验证要利用应用层中的可验证凭证（VC），这其中包含真实身份信息，一般在链下存储。线上线下仅可通过对等网络（P2P）链接进行加密交换。主要原因是，个人数据上链后就不能删除，一旦加密算法被攻破，用户隐私就会泄露。如果使用哈希方式，数据在多个地方使用后，就有可能被推算出相关性。

DID 实体需要通过 DID 标识符获取 DID 文档，那么如何根据 DID 标识符获得个人信息呢？这就需要使用 DID 解析器。DID 解析器主要有以下两个功能：一是将 DID 标识符作为输入，通过解析返回 DID 文档中的链外元数据；二是根据 DID URL 返回所需的资源，也称解引用。

不同 DID 之间还需要信息互操作。为此，W3C 的《DID 规范》提出了生产和消费的概念，这里的生产就是创建 DID 文档的过程，而将 DID 文档引用到 DID 主体的其他 DID 创建过程则称为消费。这样在验证过程中，将每个 DID 都隔离成对应的独立 DID 文档，便于 DID 持有

---

① JSON-LD，即 JavaScript Object Notation for Linked Data，是一种基于 JSON 表示和传输互联数据的结构化表示格式。

者根据需要对不同 DID 进行授权，从而达到保护个人数据的目的。

③可验证数据注册库（VDR）。

DID 的设计目标是让用户掌控身份信息的管理权，这需要解决信息记录存储在哪里的问题，因此要求数据不可篡改，具有完整性、真实性和安全性。可行的方法就是利用 VDR，它通常位于某个区块链网络的分布式记账本。对于更强调隐私保护的情况，还可以将数据存储到分布式文件存储系统。

一般来说，VDR 往往与 DID 方法直接相关，每个 VDR 都会基于 W3C DID 规范提出自己的 DID 方法。目前市场主要的 DID 储存媒介是数字钱包，可分为托管钱包（如 Coinbase）、普通钱包（如 imToken）及智能钱包（如 Gnosis Safe、Dappe、Argent）等。

✦ 可验证凭证（VC）及身份验证

可验证凭证是一个 DID 给自己或另一个 DID 的某些属性做背书而发出的描述性声明，并附上自己的数字签名，用以证明这些属性的真实性。VC 是一种数字证书，它是现实世界的身份凭证在数字空间的映射，比如身份证、护照、驾驶证等，其中的关键属性可证明某些事项，比如护照可证明身份、驾驶证表明技能、银行流水可了解个人收入水平等。凭证开具者还需要加上印章等防伪手段，出具机构越权威，公信力越强。

按照 W3C 发布的 DID 相关规范，可验证凭证是 DID 体系的应用层。它是整个 DID 体系的核心与价值所在，只有通过 VC，DID 才可以用来标识主体的真实身份信息（或用来标识组织机构的身份）。2021 年 11 月，W3C 发布《可验证凭证数据模型》（*Verifiable Credentials Data*

Model）v1.1，定义了 VC 的标准数据格式，其核心模型设计、使用场景等都参照了物理凭证，使 VC 在保持物理凭证优势的前提下，还具有数字空间的很多特点，如密码学安全、隐私保护和机器可读。

VC 内容包括三部分数据：一是凭证元数据（Credential Metadata），包括凭证类型，以及是什么机构颁发的；二是声明（Claims），是关于主体属性的陈述，采用"主体—属性—数值"形式，比如一个声明是"张三—职称—教授"，意思就是张三拥有的职称是教授，多个声明组合起来构成信息图，可描述主体的复杂属性关系；三是证明（Proof），即表明颁发者对凭证内容认可的数字签名，防止数据被仿冒或篡改。

传统身份认证需要身份主体（即用户）向服务平台提交自己的身份信息，服务平台根据用户信息决定用户是否有权使用相应服务，很多服务平台不允许匿名访问，且用户提供的信息往往远超身份认证的需要。为保护个人隐私，DID 身份体系允许使用匿名凭证（Anonymous Credential，AC），这是一种特殊凭证，其中不包含用户 DID 标识符。AC 这种匿名性意味着获得访问授权的用户可以进行相应的操作，但无法识别该用户是谁。因此，在访问控制模式上，AC 适用于基于属性的访问控制，即访问控制主要依据的是用户属性、操作方式和环境条件，由此来制定访问策略。

身份验证需要秉承信息最少披露原则。为此，W3C 规范定义了可验证表述（Verifiable Presentation，VP），其内容通常来自一个或多个可验证凭证，让用户可针对特定场景选择性地披露身份的角色属性，从而实现身份属性的细颗粒度组合出示。VP 的优势是服务提供商无法获得包含完整数据的凭证，以防止其用户身份凭证被伪造。

DID 凭证或 DID 表述的验证还允许不包含显性的声明数据，而是利用密码学验证算法提供有关声明结果。比如说，有些场合需要判断一个人是否成年，一般以 18 岁为基准。这样可利用常用的零知识证明（Zero-Knowledge Proof，ZKP）算法，返回验证结果"是"或者"否"，而无须告知确切年龄和生日。

身份 VC 或 VP 中包含的都是个人数据或隐私，要想存储和管理这些数据，需要专门的服务。这种服务在模式上类似银行，只不过它存储的是个人数据。目前已经有不少这方面的技术规范，比如 W3C 的 Encrypted Data Vaults 和 Credential Storage 等，还有去中心化身份联盟（DIF）推出的 Identity Hub。Identity Hub 的草案主要是由微软公司制定，这一技术允许用户选择部署的位置，可以选择云端，也可以是边缘端设备，如个人电脑或手机。Identity Hub 体系不保存用户的私钥，用户数据采用加密存储，对个人数据的访问或使用需要通过身份认证，才能获得访问使用授权。

✦ 去中心化身份验证

当个人或机构之间发生交互时，需要首先进行身份验证，以证明这个人或机构拥有某项资源的所有权或享有某些权益。

按照《DID 规范》，身份验证的主要目的是证明目标主体可以合规或有权限地使用某项功能。《DID 规范》从验证目的出发，梳理归纳了如下验证关系。

①认证（Authentication），证明身份信息的真伪。

②断言（Assertion），验证 VC 中是否包含主体所创建的证明，比如年龄是否大于 18 岁。

③密钥协议（Key Agreement），生成用于传输的加密材料。

④功能调用（Capability Invocation）和功能授权（Capability Delegation），通过网络接口或 API 调用或授权相应功能。

以上验证关系所表明的是 DID 主体与 DID 方法的关系。不同的验证关系，其 DID 方法需要设计相应的实现方案。验证的数据可以在 DID 文档中列举，也可以来自外部系统或平台。

DID 身份验证是让用户证明自己确实拥有某个身份 ID，通常的方法是通过验证计算，证明自己拥有的私钥与区块链上的某个身份公钥相匹配。DID 身份验证可使用通常的"挑战—应答"方式：即验证者先发起挑战问题，身份拥有者根据挑战问题做出正确应答，验证者再检验应答是否有效。

目前国际上还没有关于 DID 验证标准规范的提案，仅有重启信任网路（RWoT）公布了一份验证流程 DID-Auth 方案，但这并不是一个身份验证具体规范，而是一种技术框架。有人正在研究如何借鉴成熟的身份认证标准 OpenID Connect（OIDC）和 WebAuth，将 DID 身份认证方式集成到注册 / 登录应用程序中。

DID 身份体系中通常没有专门的证书管理机构，身份凭证所有者要亲自在去中心化的账本上对身份凭证进行注册、签发、授予和验证等操作，以及进行隐私数据生物存储和可信计算的算法等。

在这一身份信任生态体系中，发证的专门发证，验证的独立验证，或者说验证不再依赖于发证方。体系中的主要参与角色如下。

①凭证持有者，就是身份主体或用户。

②发证方，向用户签发可验证声明的机构或个人，提供信任背书。发证方也需要有自己的 DID 身份。

③验证方（通常为服务提供方），基于用户出示的 DID 及可验证凭证，来验证用户的真实性。

④标识符注册库或可验证数据注册库，用于维护 DID 标识符，通常是去中心化的文件或可信数据库，如分布式账本、政府部门数据库等。

去中心化身份验证的流程：凭证发行者根据身份所有者的申请，颁发可验证凭证；身份所有者将可验证凭证以加密方式保存，并在需要的时候自主提交给凭证验证方进行验证；凭证验证方在无须对接凭证发行方的情况下，通过检索身份注册表，即可确认凭证与提交者之间的所属关系。这种验证由代理之间相互认证，不需要依赖第三方，如图 7-2 所示。

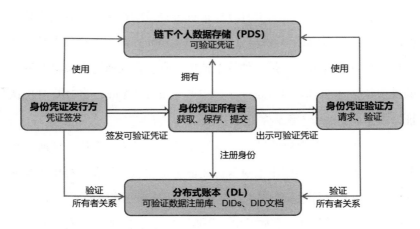

图 7-2　DID 系统身份管理及验证流程

 去中心化信任服务体系 (DPKI)

我们在前文介绍了传统数字信任服务基础设施 PKI，其技术成熟，得到广泛应用。PKI 的核心是由可信的第三方证书机构（CA）负责数字证书的颁发和维护，整个体系的安全性依赖于中心化的 CA。

与此相对应，DID 身份体系基于去中心化公钥基础设施（DPKI），这是 W3C 去中心化身份（DID）解决方案工作组的联合创始人艾伦（Christopher Allen）等人在 2015 年提出的信任治理方案，其目标是，任何单一的第三方机构出现问题都不能危及整个系统的完整性和安全性。

DPKI 并非彻底颠覆传统 PKI 架构，而是对其不足之处进行改造和扩展。DPKI 体系引入验证节点（矿工），替代 CA 机构的作用，以确保链上数据的安全性和完整性。没有了中心化管理机构，也就不存在第三方机构引起的攻击问题，也没有了后门和管理员特权，还避免了单点故障等问题，更有利于建立信任生态系统。

在去中心化的生态环境中，如何确保约束规则和机制的正确执行？如果没有可盈利的机制，很多系统很难持续运营下去。DPKI 通过经济激励机制来约束矿工，使其遵守规则和协议。遵循规则协议的，将获得经济回报；违反协议就会受到惩罚，这也是中本聪设计比特币所采用的运维机制。

DPKI 系统中没有专门的 CA 机构管理证书密钥。在去中心化的身份体系中，一个用户往往拥有很多 DID 标识，不同的 DID 标识都拥有独有的私有消息安全通道和认证密钥。随着物联网的深入发展，DPKI 的应用场景不再限于人在互联网中的身份认证，越来越多的物联设备也开始接入网络。

根据 "Zooko 不可能三角形" 理论，没有任何标识符能够同时满足容易记忆、安全和去中心化这三点要求。W3C 的 DID 标识符放弃了第一点，即 DID 不考虑用户的记忆，为此用户需要使用专门的密钥管理工具——去中心化密钥管理系统（DKMS）。DKMS 是一个基于分布式账本的身份代理软件，也叫数字身份钱包，帮助用户发布验证公钥和数据所有者验证公钥等信息，并提供公开身份验证和凭证验证。这一项目由 Evernym 公司研发，得到美国国土安全部的资助，目前已提交到结构化信息标准促进组织（OASIS）进行标准化。

从技术架构上，DKMS 共分三层，分别是 DID 层（DID Layer）、云端层（Cloud Layer）以及边缘层（Edge Layer）。

①DID 层主要包括消息通信组件，负责分布式账本连接，执行 DID 查询。

②云端层负责储存用户的个人资料供上层协定使用，如可验证凭证（VC）。

③边缘层主要是身份钱包组件（DApp）、本地数据容器组件，负责管理用户私钥和进行身份验证等功能。

在消息通信方面，DID 不需要服务器控制交互状态，而是采用加密 P2P 通信，基于共同规则和共识原则进行交互。去中心化身份联盟（DIF）提出 DIDComm 协议，对 DID 消息通信进行了标准化，以使代理软件能够建立连接，维护交互关系，颁发凭证及提供证明。

DIDComm 利用公钥密码技术实现 DPKI 安全通信，密码由 DID 持有者的数字钱包来提供，不用第三方机构颁发证书或在其他网站登记注册密码。DIDComm 采用非会话保持方式，其安全保障独立于数据传输方式。在身份验证时，各方都以相同方式对等进行。验证者验证用户身份凭证，用户同样可以验证验证者的身份。

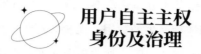

用户自主主权
身份及治理

身份真实性是信任的核心基础。对于元宇宙身份体系，用户身份的自主性和真实性验证的矛盾比较突出，这也是元宇宙信任治理中最棘手的难题之一。下面就来介绍用户自主主权身份及其治理技术。

◆ 自主主权身份与元宇宙信任

近年来，用户自主主权的概念越来越受到关注和重视。无论是 Web 3.0 还是元宇宙的治理架构，都将用户自主主权作为重要目标。那么什么才是用户自主主权呢？这其中用户自主主权身份（SSI）起着关键作用。具体来说，用户自主主权身份主要有以下四方面的特性。

①自主控制，允许用户个人自主管理自己的身份，而不是依赖于服务提供方。用户还能够控制谁可以查看和访问自己的数据。

②可移植性，用户的数字身份不依赖服务提供方，也不依赖身份签发或认证方。他可以携带自己的身份，存储到任何他认为安全和便利的地方，并可从一处漫游到另一处。

③安全性，必须具有安全的环境，让身份信息和资产免受网上的各种风险和伤害。

④去中心化的存储和认证，即身份认证的过程不需要依赖于身份的签发方或其他第三方。这个与去中心化身份（DID）很类似。

事实上，SSI 在技术实现上多采用 DID 的技术实现模式。那两者有什么区别呢？从技术实现看，DID 强调身份系统的分布架构的去中心化，无论是底层协议还是上层应用程序，抑或是数据的存储、验证、交易等环节，均需要基于分布式账本，目的是保证没有单独的某个或一组节点可以控制流程产生的数据；而 SSI 主要看重用户对身份数据的自主控制和使用授权等权限，其流程中并不完全排斥中心化环节，比如系统运营、链下存储、凭证验证等关键环节。

从用户自主主权理念中还发展出数字主权的概念，其内涵既包括国家在数字空间的自主主权，以体现国家在数字经济社会发展中的自主行动能力，还涉及用户或公民的数字主权。国家数字主权包括数据主权、网络主权、云主权等，国家对此有不受他国干涉的自由权、所有权和管辖权，其中数据主权涉及每一位公民，公民数据主权的主体是公民。

用户自主主权身份还是元宇宙信任治理的重要手段。元宇宙具有强社交特性，当用户需要随时随地进行沉浸式交互、创造和交流时，用户自主主权身份可以发挥重要的作用。在元宇宙中，用户使用 NFT 来保障数字资产的独一无二，并用于认证用户对收藏品、艺术品或其他数字产品的相关权益。可以说，NFT 就是数字资产的身份证。

NFT 不仅包含独特的商品资产属性，还可以作为信任锚，承载身份认证信息，包括每个人都拥有的独特的身份属性；还可以集成个人基本信息、教育信息、医疗健康信息等，采用去中心化内容存储。实际上，2021 年 12 月，太平洋岛国帕劳政府签署了《数字居住法》。这一法令规定，居民身份证有实体形式，同时还有 NFT 形式。这种 NFT 身份证还具有世界性，外国人也可以申请。帕劳与区块链开发公司 Cryptic Labs 合作，启动数字居住计划 RNS（Root Name System，根命名系统），试图激活国家的数字经济，成为太平洋金融中心。

在元宇宙的创造社区，NFT 与 SSI 身份结合，可让创作者证明代表数字资产的 NFT 确实是由他们创造的，也可以促使创作者和社区有更多的接触和交互。而买卖双方将能够验证或追溯数字艺术品的来源，实现有序流转。SSI 身份还可以将 NFT 的所有权限制在社区成员手中，以打击"黄牛"的投机行为，或者为特定持有人提供独家的 NFT 内容。

✦ Sovrin 网络及其治理框架

Sovrin 网络是初创公司 Evernym 推出的身份架构，也是最早真正实现的（SSI）身份架构。这一系统是一个去中心化的全球网络，本身不依赖于任何中心机构，用户身份也不能被剥夺，任何人都能发布包含数字签名的证书，并可验证身份真伪。

准确地说，Sovrin 网络是一种实现 SSI 功能的互操作性身份协议，或称为身份元系统（Metasystem），它并不是一种简单的解决方案，也不依赖于特定软件实现。软件开发商可基于 Sovrin 协议和基础设施搭建具体的互操作平台。

Sovrin 网络于 2015 年着手开发，2016 年成立专门的 Sovrin 基金会管理运营。2017 年 7 月，Sovrin 正式上线，生成了第一个交易。这时，负责托管系统的 Sovrin 基金会将 Evernym 开发的开源代码库转交给 Linux 基金会，发展成为 Hyperledger Indy 项目，主要包括实现身份自主管理的工具、库和可重用组件。2019 年，Indy 项目中又独立出 Hyperledger Aries 项目，它包括一个加密身份钱包，以及跨区块链的交互通信协议。

Sovrin 基于许可型分布式账本，也就是联盟链。它采用类似解析 IP 地址的 DNS（域名系统）模式管理信任根。DNS 系统具有扩展能力，不过可扩展的验证节点数量有限，且不使用共识协议，还容易受到攻击。为此，Sovrin 网络在结构上设计了两个节点环：一个是验证者节点（Validator Nodes）环，用于写入交易数据；另一个是规模更大的观察者节点（Observer Nodes）环，通过只读区块链复制满足数据读取请求。

Sovrin 网络定义了一个多层次的、去耦合的模块化模型，它包括账本层、代理层、凭证交换层和治理层。

①账本层包括发行者标识符和凭证定义的通用方法。

②代理层中的 DIDComm 通用协议用于在线连接和共享凭证，该协议与可互操作代理结合，可创建一个互操作生态系统。

③在凭证交换层，参与者通过凭证的颁发、出示和验证，解决自己的身份验证问题。

④治理层采用社区驱动的流程，这样既能满足政府和司法管辖区对数据安全、隐私保护和可移植的要求，同时又能防止审查，并确保个人对身份数据共享拥有主权。

Sovrin 网络的认证理念是，任何人都可以发布包含数字签名的证书，其他任何人都可以参与验证。比如一个普通员工给自己颁发一个"总经理"凭证，但得不到权威验证就没有人会相信。这种建立信任的策略效率低，实施成本高，还很可能会出现冒名顶替、伪造个人信息等不法行为，滋生网络黑市及诈骗活动。由此可见，在去中心化体系中，有公信力的验证仍然很重要。

与很多系统事后实施隐私保护不同的是，Sovrin 网络采取隐私优先的原则，包括"设计隐私"及"默认隐私"等原则，即在系统设计上嵌入全流程的用户隐私保护措施代码，并且在用户使用身份认证时采取默认隐私保护模式。这些隐私保护措施主要有以下三项。

①用户可采用成对匿名 DID 与其他 DID 交互，确保身份信息的安全。

②使用私有代理，将可验证凭证等个人数据存储在链下，仅通过 P2P 私有通道实现数据加密交换。

③使用零知识证明，身份验证时可最少化信息披露。这些措施可让大规模的个人数据泄露成为历史。

Sovrin 网络的定位是一个全球身份网络，因而其治理体系也是全球性的。治理体系最重要的是治理组织架构。Sovrin 基金会及其技术治理委员会（TGB）设计了账本治理架构，以确保账本是公开的、开放的和去中心化的。治理架构包括以下三组角色。

①操作账本节点的 Sovrin 网络"管理者"，这些管理者是网络中的超级节点，他们提供计算资源和人力资源，基于 Sovrin 信任规则维护网络运行。目前有 50 多个管理者，来自德国、瑞士、荷兰、法国、美国、加拿大、印度等十几个国家或地区，还有思科、IBM、美洲国家组织、联合国联邦信贷联盟、国际航空电讯集团（SITA）等大型机构。但这一机制其实并不完全符合去中心化的设计理念。

②交易管理者，负责将 DID 和其他加密对象写入账本。所有交易都由透明且公平的算法分配验证优先级。

③管理背书者，他们根据当前的许可写入访问策略，代表交易管理者将交易写入账本。

Sovrin 治理框架（SGF）是 Sovrin 网络治理的法律基础。在 SSI 治理方面，这一框架很专业，也很有名。SGF 由 Sovrin 治理框架工作组（SGFWG）负责制定。除了有 Sovrin 网络治理框架外，还有各领域的治理框架，如健康保健治理框架、国际旅行健康治理框架、金融服务治理框架等。除此之外，还有信任保障框架，以及一系列的法律协议和控制文件。具体内容可参见 Sovrin 官网的治理框架页面。

◆ 基于 IP 的信任框架（ToIP）

元宇宙的信任治理需要一个通用的数字框架，就像经典物理学中的牛顿定律，既能契合系统本质，又具有很高的普适性，即使没有明文规定，也可实现有效治理。

在互联网世界，TCP/IP 是建立机器信任的最重要协议。安全协议套件，如安全套接字层（SSL）及传输层安全（TLS），一直是互联网交易安全的基石。但这一体系有一个重要缺失，那就是没有实现身份层，以便让交易双方都可以通过数字连接建立信任。

2019 年年底，Sovrin 社区成员发起了一个新的数字信任框架——基于 IP 的信任（Trust over IP，ToIP），其目的是解决互联网上任何两个对等实体之间的信任关系问题。目前有专门的基金会对其研发进行管理，这个基金会被 Linux 基金会托管。ToIP 的提出者之一约翰·乔丹认为，一个身份层的最终目的并非确定实体身份，而是为了促进交互所需的信任，ToIP 双堆栈体系架构因此而得名。

ToIP 双堆栈体系架构如图 7-3 所示。这是一个双堆栈架构，分别为技术堆栈和治理堆栈，每个堆栈都分为四层结构。从图中我们可以看到，技术堆栈的架构与上一节 Sovrin 网络的架构类似，最底层为网络设施和 DID 方法，实现 P2P 通信和 DID 方法；其上是 DIDcomm P2P 通信协议层，实现 DIDcomm 代理应用之间的点对点通信。这两层的主要功能是实现技术信任。

再向上是第三层，身份数据交换层，这其中包括一个三角形结构的身份验证流程。最顶层为应用生态层，用于规范对生态系统的访问，对应 Sovrin 网络的治理层。第三层和第四层提供了建立人类之间信任的框架。因此，信任治理不仅仅需要技术，同时也需要人的参与。

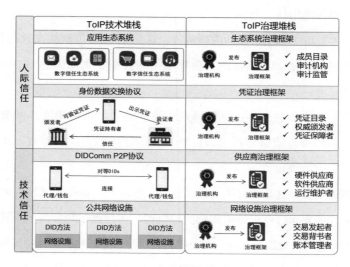

图 7-3　ToIP 双堆栈体系架构

与 Sovrin 网络不同的是，ToIP 还有一个治理堆栈，也分四层，分别对应于技术堆栈的各个层次，通过设置相应的治理机构，制定治理框架。比如最底层的网络设施治理框架，主要是通过法律实体来治理发行者公钥 DID 注册表。治理实体由相互制衡的不同机构组成，可作为利益相关者的中心协调机构。治理实体的所有参与者既拥有高度包容性，同时还享有平等的权利，他们很难被买通操纵。

其他各层次的治理模式也基本与此类似，区别在于治理对象和目标不同。DIDcomm P2P 通信协议层对应于供应商治理框架，身份数据交换协议层对应着凭证治理框架，应用生态系统层对应着生态系统治理框架。这些治理框架的标准化将由 W3C 等国际标准化组织来完成。

ToIP 架构并没有规定具体的治理方案，它只是一个元模型，提供可以普遍参考、理解和应用的数字治理框架，以促进在线信任。但 ToIP 架构要求，治理框架应符合 ToIP 治理堆栈的基本要求，以支持互操作性和传递信任，具体如下。

①（身份）识别，包括治理各方，这是 ToIP 治理框架文件的要求。这将通过持久的、可验证的、全球唯一的去中心化标识符（DID）进行识别。

②（身份）验证，这是管理机构数字签名治理框架文件的要求，即所有被治理方能够使用可验证凭证和信任注册表，以加密方式验证提供服务的治理角色。

③透明度，这是所有网上公开发布或通过 DID 方式发现的 ToIP 治理框架文件的要求，可以透明识别治理机构、治理框架和参与节点或运营商，还可透明发现服务端点，以及透明的安全、隐私和数据保护等策略。

④技术互操作性，ToIP 治理框架要求，使用 ToIP 技术堆栈指定技术互操作性。

⑤ToIP 治理元模型，即遵循"ToIP 治理元模型规范"要求。

跨链技术及
数字身份聚合

◆ 跨链基础设施

当前，互联网上区块链种类繁多，主要的就高达上千种，它们彼此之间都像是数据孤岛，缺乏统一的互联互通机制，很难实现跨链互操作和价值转移，这限制了区块链技术及应用生态的发展。

当前区块链还存在的一个问题是，相应的DApp不仅资源消耗很大，效率还很低。据以太坊创始人维塔利克·布特林估算，仅从执行计算和存储的角度看，以太坊应用的成本效率仅为亚马逊云服务的百万分之一。也就是说，普通云服务需要的成本为1美元，DApp模式可能要高达上百万美元。这也是以太坊交易都要收取不菲的GAS费（即手续费）的主要原因。实际上，由于区块链的高度冗余架构的限制，成千上万的计算机都要重复执行相同的操作，成本自然居高不下。因此，在以太坊上，即使使用最多的DApp，其日活用户数量也就上千名，这与传统架构的APP动辄上亿用户相比，有着天壤之别。

这个问题的解决方法有两种。一种方式是改全部共识为代议制，也就是部分共识，当前公链共识机制类似全民公投式的原始民主，效率自然太低。而代议制类似于人民选出代表，由代表来议定规则或者重大决议，这种方式类似区块链的DPoS（代理权益证明）共识，区块链系统EOS采用这一共识机制，其交易速度能够达到每秒上千交易量（tps），远超比特币和以太坊，但这也削弱了系统的去中心化特性。

另一种方式是采用分层或分片的方式。所谓分层，就是将区块链上的部分交易操作，在保障安全的前提下，转移到其他地方执行，比如在区块链之外构建新的区块链，成为侧链。而分片的原理为，把节点分成很多组，或者说分成很多片，多个分片可以并行处理交易，总体的处理能力就提高了。

每个分片都可以是一个区块链，这通常需要一条特殊的链来看管所有的分片，这条链一般称为主链。主链往往需要连通各个分链。在这些需求的驱动下，跨链技术应运而生。

跨链技术就是通过技术手段，将原本不同的、独立的区块链上的信息、价值进行交换和流通。如果把区块链看成一个个岛屿，跨链交互就像通过桥梁将这些孤立的岛屿连接起来，形成真正的价值互联网。

自 2008 年中本聪提出比特币技术以来，区块链技术就开始了快速演变。比特币及其依赖的区块链为 1.0，展示了去中心化的力量；以太坊通过引入智能合约，开启了去中心化应用时代，这也被称为区块链 2.0。跨链技术为区块链的最新发展趋势，也被称为区块链 3.0。

根据所跨越的区块链底层技术平台类型的不同，跨链交互可以分为同构链跨链和异构链跨链两大类。对于同构链跨链来说，它们之间的安全机制、共识算法、网络拓扑、区块生成验证逻辑等都一致，跨链交互相对简单；而异构链的跨链交互则相对复杂，设计直接跨链交互机制很不容易。异构链之间的跨链交互一般需要借助第三方辅助服务。

2016 年，维塔利克在《链互操作》一文中，依据实现技术和机制的不同，将跨链交互模式分为以下三类。

①哈希锁定模式[①]，先在两个链上设置同样的触发器，巧妙地使用哈希锁和时间锁，让用户在规定时间段输入正确的哈希值原值进行验证，以实现快速支付或资产兑换，这种方式最早出现在比特币闪电网络中。

---

① 哈希锁定模式是一种最早用于"闪电网络"的区块链快速支付模式。简单说，就是利用智能合约，双方先锁定资产，如果都在有限的时间内输入正确的哈希值原值，即可完成交易。这其中有两个触发器——哈希锁和时间锁。哈希锁就是在上锁之后只能用产生这个哈希值的原本值开锁，而时间锁要求在规定时间内输入哈希锁的密码。

②公证人机制，通过引入可信的第三方，作为跨链交易的中介人或公证人。

③侧链 / 中继链，这类方法利用专门的区块链和通信协议，通过验证和读取其他区块链的事件 / 状态，实现跨链交易和交互。目前应用最广泛的两种跨链平台方案是 Cosmos（宇宙网）和 Polkadot（波卡网），都属于中继链，可兼容或支持各种区块链应用。

我们先看看 Cosmos，它的前身是区块链系统 Tendermint。2014 年，Tendermint 团队成立，并发布《Tendermint：无挖矿的共识》白皮书，提出 Tendermint 共识机制，以替代比特币系统的 POW（工作量证明）这种比较耗费资源的共识算法。2016 年，Cosmos 项目发布第一版白皮书，提出解决跨链交互问题的技术方案。2019 年，Cosmos 主网正式上线。

Cosmos 是由许多独立、平行运行的区块链所组成的网络，其中的区块链称为分区（Zone），比如以太坊接入 Cosmos 后，其公链就是一个区。这些区在拓扑结构上类似星型，其中心部分的区被称为枢纽（Hub），不同分区都可以通过共享枢纽来互相通信与互操作，从而形成一个完整的跨链生态。Cosmos 网络上的第一个区就是"The Cosmos Hub"，这个链由 Cosmos 自己开发，Cosmos 网络上所有的跨链资产转移都要通过它，也就是说，The Cosmos Hub 起到了中央银行结算的作用，如图 7-4 所示。

枢纽与分区之间的通信需要通过跨链通信协议 IBC（区块链间通信），分区与分区之间没有直接连接，而是需要通过"The Cosmos Hub"和 IBC 协议进行间接通信。IBC 主要实现同构链之间的连接和通信，其作用类似传统互联网的 TCP/IP 协议。Cosmos 主要聚焦于跨链资产转移，协议相对简单。

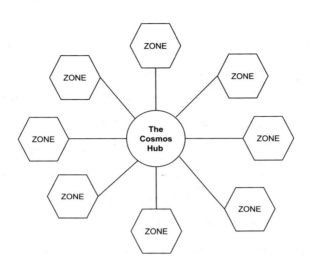

图 7-4　Cosmos 网络拓扑结构

Cosmos 网络对共识算法的要求是符合标准的 ABCI 规范（Application Blockchain Interface，应用区块链接口），每条链都可有自己的共识机制和验证者，并有各自独立的局部安全机制，分别由链上单独的验证者负责保障链上的安全性。目前只有 Tendermint 算法符合这一规范。

Cosmos SDK 是 Cosmos 的开发工具，可实现公链的简单、快速开发。Cosmos SDK 支持 Go 语言开发，它主要提供 Tendermint 共识引擎、IBC 链接通信协议和通证等核心模块，其余的大部分上层应用模块都需要自行开发。

另一个受到关注的跨链项目是 Polkadot（波卡网），其创始人为大名鼎鼎的加文·伍德博士，他是以太坊前 CTO，曾参与撰写以太坊黄皮书，并制定智能合约语言 Solidity。他还是 Web 3.0 基金会创始人兼总裁。Polkadot 也被称为 Web 3.0 的重要基础设施。

Polkadot 网络结构如图 7-5 所示，系统包括三种链角色，分别为中继链（Relay chain）、平行链（Parachain）和转接桥（Bridges），它们在结构上与 Cosmos 网络很类似。比如 Polkadot 网络的核心中继链，相当于 Cosmos 网络中的枢纽；而平行链类似分区，负责具体的业务场景；转接桥的主要功能是为 Polkadot 体系之外的区块链（如比特币、以太坊等）提供与 Polkadot 的链接，实现跨链交互。

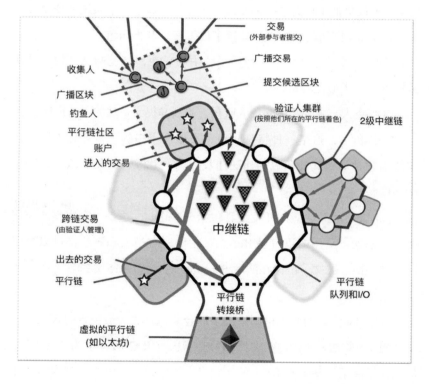

图 7-5　Polkadot 网络结构

Polkadot 的设计目标是实现平行链之间任意的消息传递，方法是平行链可以相互调用对方链上的智能合约，这不仅可以完成资产转移，还可以实现其他类型的通信。Polkadot 采用了 XCMP（跨链消息传递）协议，实现平行链之间的消息传递。该协议利用智能合约，信息传递以去中心化方式实现，速度快，且可验证。

与 Cosmos 的独自安全性机制不同的是，Polkadot 采用了共享安全性机制，也就是说，平行链将安全保障的职责让给中继链，因此来保障平行链和系统全局安全。这样，平行链之间无须信任就可实现跨链交互，不仅降低了信息交换的难度，同时还保障了整个系统的安全性。

Polkadot 网络的运行维护设置了以下三个基本角色。

①验证者，这类似于比特币系统中的矿池，打包网络区块；其次是提名人，类似比特币的矿工。

②收集人，主要帮助验证人收集、验证和提交备选的平行链区块。

③钓鱼人，这是一种特殊角色，类似现实中的"赏金猎人"，其职能主要是举报其他角色的违法违规行为，就像"钓鱼执法"，防止网络作恶。

Polkadot 体系的应用开发工具包为 Substrate，这是一套完整的应用链开发框架，采用的语言是 Rust，其中的所有模块和算法都可以被定制或被替换。加文·伍德在演示 Substrate 时，仅用 15 分钟就发布了一条应用链。

Polkadot 体系的共识机制采用了混合共识算法，最主要的有三种：GRANDPA 算法、BABE 算法及 NPOS 算法。GRANDPA 意为"爷爷"，但在这里表示"基于 GHOST 的递归祖先衍生前缀协议"，其功能是让中继链最终确定投票最多的平行链，这是一种链的生成工具。只要 2/3 的节点是诚实的，并可在异步环境中处理 1/5 的拜占庭节点，该算法就可以在部分同步网络模型中工作。

BABE算法也并非指"孩子"，而是Polkadot的一种出块机制，意为"区块链扩展的随机分配"，它运行在验证节点之间，并决定区块生产者生成新块的机制。BABE算法既可以凭借提供确定性概率而单独使用，也可以建立在GRANDPA最终确定的链上。

NPOS算法是一种基于提名权益证明的共识算法，可选举出能让系统更安全、更高效交易的验证者。要成为验证者，就必须先成为验证者候选人，然后参加选举。

跨链技术的目标是将众多异构区块链互链形成网络，以打破以区块链为中心的信息孤岛，形成一个互联互通的价值互联网，让不同区块链之间能够实现资产转移和消息交互。这样，DApp项目只需要在跨链系统上发行，这个DApp就可以扩展应用到所有区块链上。

跨链技术的目标还不限于此，它还是新一代的公链基础架构。它采用分而治之的策略，让交易分布在各个链上，允许它们在同一时间段内处理更多交易，从而大幅提高区块链的交易和处理效率。以Cosmos和Polkadot为例，当前交易效率都已经超过上千tps，比以前的比特币（约7tps）和以太坊（约20tps）的交易效率有了极大提高。

✦ Litentry：跨链身份聚合器

在Web 3.0时代，去中心化数字身份让个人能够掌握自己的身份，并保护自己的个人数据和隐私。为此，去中心化身份标识（DID）等信息都需要上链。由于区块链种类很多，其上的信息多呈碎片化分布，彼此之间没有关联。为了充分释放个人数据的潜在价值，还需要从不同的维度上对数据进行归集和连接，形成相互关联的个人数据体系，这一过程也被称为数据聚合。

去中心化身份可以采取匿名方式，但这也会引发很多问题。比如说，很多新电商或者新区块链为了吸引客户，往往会发放优惠券或奖励代币，但"羊毛党"可能会创建多个账户来获得奖励，也就是所谓"薅羊毛"。还有，在 DeFi（去中心化金融）领域，金融服务机构往往缺乏用户的信用或财务历史记录，需要收取抵押或押金来发放小额贷款或闪贷。最后，元宇宙往往采取去中心化自治组织（DAO）方式进行社区治理，需要用技术手段来确保投票权不受利益相关者控制。

Polkadot 系统内置了一个原生身份模块，但它主要是给链上治理提供基础身份数据。主链提供共享安全平台，在其上进行身份治理，需要代价不菲的计算和数据状态的改变，GAS 费也就很高，且缺少标准验证程序，需要链下人工沟通。

那么如何在元宇宙中解决这些问题呢？答案是使用身份聚合器，Litentry 系统就是一个跨链身份聚合框架，它基于 Polkadot 系统，包括一个由 Substrate 构建的区块链、一个去中心化的 DID 验证网络和一个 DID 算法交换协议。

Litentry 网络是一个接入 Polkadot 跨链系统中的平行链，它共享 Polkadot 跨链生态体系的技术架构及诸多功能，并可获得其共享安全保障。Litentry 提供了一个开放、去中心化的 DID 解析模型，兼容各种 DID 标准，还有可靠的 DID 数据接口。

Litentry 网络架构包括去中心化后台和移动应用 DApp。DApp 并不直接与网络节点连接，而是连接到 Litentry 网络区块链及去中心化数据储存库，直接收到 Litentry 网络区块链活动通知。Litentry 网络可不依赖任何第三方服务器独立运作。

Litentry 包括一系列应用程序和工具。在用户端，目前已经开发了一款移动客户端 Litentry APP，它是集成到 Litentry 网络上的身份服务工具，可以重新计算链上治理中的投票权，或基于信用分析获得 DeFi 服务。

另一用户端应用程序是 Litentry Authenticator（身份认证器），这是一个去中心化的身份数据枢纽，具有双因子认证（2FA）及各种应用程序 / 服务接口，如加密货币钱包、别名身份产生工具、NFT 数据授权等。将来，Litentry Authenticator 还会包含身份数据抵押功能及身份配对服务。

Litentry 身份体系拥有很多独特的功能，其中一个是"身份连接"，可把不同区块链中的身份关联到一起。Litentry 网络通过身份聚合模型将多个 DID 标准集成到一起，解决了未知 DID 机制带来的技术难题，为不同系统的 DID 数据提供互操作性和流动性。对于用户来说，Litentry 网络允许其上传身份证明，并共享到网络。Litentry 网络还提供了 DID 数据索引、DID 验证和关联、DID 数据聚合等功能的一站式服务，帮助用户整理自己在网络上的各种身份数据，保证数据的安全性和完整性。

与普通的 DID 和 SSI 身份系统不同的是，Litentry 网络既可将不同区块链上的身份数据搜集起来进行聚合，还可从具有隐私保护的 Web 应用程序中收集用户的链下身份数据，无论它是不是 DID 数据。非 DID 数据不需要被转换为 DID 数据。

Litentry 网络鼓励第三方机构从各种网络收集个人身份数据，建立标签索引用户数据库和画像模型，以便让 Litentry 网络节点更快地获取更可靠的去中心化身份数据；作为回报，第三方机构会获得系统的 LIT 代币作为奖励。

Litentry 身份体系的另一重要功能是信用计算，这允许用户从各个区块链中提取历史数据或者交易数据，通过聚合算法实时计算出一个综合信用评分。

Litentry 是如何做的呢？首先，评分计算基于用户自主参与的原则，信用评估所有算法的制定和修改，都由所有用户通过 DAO 方式投票决定。其次，这一过程是公开透明的，计算方法、身份数据来自哪个终端等，都对所有用户开放，用户通过链下工作机，就可以实时得到一个信用评分数值，它可被应用到授权商业场景，或进行链上治理。最后，Litentry 是无须许可的区块链网络，任何人都可以成为验证节点，参与网络身份验证。

在 Polkadot 网络中，一个平行链可以灵活设计自己的经济模型，创建相应的激励机制。Litentry 网络的经济激励机制是，鼓励用户把自己的身份链接到 Litentry 网络，数据消费用户可通过 Litentry 网络搜索，自动匹配到需求的用户身份数据。作为回报，用户身份的使用者需要支付网络服务的费用，这个费用使用 Litentry 网络的原生代币 LIT 支付。

Litentry 网络还有一项重要功能是"身份质押"。比如说，一个用户可长期提供流动性，他就可以选取"长期流动性提供者"这个标签，并向区块链发出一个请求，证明自己能胜任这一标签。验证节点收到这个请求后，可利用链下工作机及相应区块链获取数据，并对此请求进行验证。如果通过验证，那么这个身份标签将会上传到 Litentry 区块链的"身份池"，进入等待匹配状态。当数据购买者将其需求发送到区块链后，匹配算法就会从身份池中随机选取一些身份，筛选出匹配的胜出者，返回给购买者。

为保护个人信息，Litentry 网络还采取了隐私优先的原则。身份验证时，用户数据将不可避免地暴露给验证者。一个公正合理的身份系统需要平衡隐私保护和使用便利性。Litentry 网络使用去中心化的伪匿名技术来达到这一目的。具体来说，在前台，用户都是匿名的；但在后台，系统可透过层层溯源技术，找到实际使用者的位置。

　　Litentry 网络在技术上完全遵循 W3C 的《DID 规范》，用户的身份数据不存储在系统中，而是存储在各个去中心化的存储网络上。Litentry 网络只是帮助用户将这些身份数据关联起来。另外，Litentry 网络支持隐藏身份的链上数据处理模式，验证节点中的链下工作机实现去中心化身份授权和发布。Litentry 还可使用 ID 混淆技术，隐藏凭证所有者的 ID，验证者验证时无须知道数据来源。最后，Litentry 网络可利用隐私保护计算，如 TEE（可信计算执行环境）和零知识证明等，使数据使用者在看不见数据的同时利用数据进行计算。

元宇宙信任的
规则治理

Metaverse

人们常说，没有规矩，不成方圆。现代文明秩序建立在社会契约论的基础之上。同样，元宇宙也不是丛林社会，也需要契约和规则，但现实社会的契约需要转变为数字契约。元宇宙的规则体系包括伦理、标准、法律法规等，它们有的是为了保障安全，避免使用者利益受到损害；有的是为了建立信任，实现大规模的分工协作。

元宇宙信任治理
规则框架

规则是人类社会人为设计的一系列规范，以约束政治、经济和人的行为与相互关系。规则还可以是一种思想观念，或者是一种文化习俗，涉及价值观、道德伦理、法律法规、标准规范等。规则治理的关键在于执行和实施，它通过思想观念、心理和行为强制等方式，来规范参与者的行为。

价值观导向

元宇宙信任治理规则的构建需要以价值观为导向，将现实社会的价值理性贯穿于治理体系，这也体现了以人为本、以用户为中心的理念。我们认为，元宇宙的价值取向主要包括安全、诚信、公平、自由、包容等方面。

早期的互联网（Web 1.0）就像一个丛林社会，充斥着黑客、欺诈和凌霸；而用户往往是匿名的，人与人之间缺乏信任，物理空间中的很多活动，特别是涉及切身利益的商务、金融等，就会非常谨慎、缓慢。而到了 Web 2.0 时代，用户不再匿名，大量的用户身份数据被互联网平台采集和开发，它们通过掌控规则制定权获得巨额利润。同时，大量的集中式数据一旦被泄露，就可能引发严重的安全风险。另外，互联网平台对用户数据的过度收集或滥用，也会给用户利益带来损害，有违商业诚信原则。当前，商业交易规则基本都是平台单方面制定，用户不同意，就不能使用相关服务，很难说这些规则条款是否公正合理。

元宇宙的规则体系应该吸取这些教训。在安全方面，元宇宙的规则多基于技术手段，比如区块链技术就采用了严格的数学加密技术，使底层数据具有了安全保密特性和可追溯性，并让用户能够安全地掌控自己的数据和资产。

在社会公平方面，区块链技术的表现不尽如人意。以各种代币为例，没有权威机构背书，代币发行很随意。层级模式催生了大量"割韭菜"式的 ICO/DeFi/NFT，它们通常会给创始人和早期参与者带来巨大红利，但越往后的参与者，获得的激励就越少，有点类似现实社会中的庞氏骗局或传销。以当前大肆炒作的元宇宙 NFT 房地产为例，一块地皮被炒到几十万美元，很多 NFT 艺术品的价格被拍卖到了上千万美元，且每次交易都需要裂变式收取费用，这其实就是通过制造热点过度炒作。

公平是一个复杂的博弈问题。元宇宙治理要权衡多方的价值目标，兼顾各方利益。与现实世界类似，元宇宙中有独立的经济体系。在现实世界，由于信息不对称，很多规则或合约其实都是不公平的，势力强大的一方很可能利用优势掌控弱小的另一方，比如企业或组织对个人制定的规则或协议，往往都是单方面的不公平契约，权益分配不合理。

在元宇宙中，规则要对各方透明，公平地照顾到各参与方的利益。比如用户创作内容，不仅要让互联网平台获得收益，还要让内容创作者获得合理的经济回报。同时，消费者也应该得到公平对待，不能利用算法进行歧视，并且要从源头上避免大规模的作弊和欺诈等不法行为。另外，元宇宙还应建立公平的数据授权和交易机制，既要保护用户隐私，还要鼓励用户授权和开放自己的数据，释放或创造价值。

包容性或普惠性意味着任何人都可以注册数字身份，均可获得或享受数字化带来的各种好处和便利——包括那些文化水平低且技术运用能力有限的人。在元宇宙中，公链通常采取无许可、免信任的准入模式，天然具有包容性；对于联盟链，则需要制定准入规则，设置合理的门槛，保障弱势群体的合法权益。

当前的现实社会，资源分配不均，贫富差距很大，这个问题在元宇宙中同样是严峻的挑战。如果没有足够的钱来购买昂贵的 VR 装备、智能终端和可穿戴设备，连进入其中都困难。即使进入其中，也是处处需要数字货币支付，这对于不懂技术的人来说是个很大的挑战。而与此相对的是，元宇宙平台可以通过用户生成内容，获得超额的利润。当今平台对数字内容销售收取的佣金标准为 30%，这在现实世界中是很难想象的，要是现实经济平台采取如此高的收费标准，那实体经济将无法运转。

为此，元宇宙的治理应强化数字普惠，提高民众的数字素养，减少数字身份使用的复杂度，缩小数字鸿沟，让更多人迁徙到数字空间。

另外，在元宇宙 NFT 交易规则的制定中，要充分考虑用户的权益保护，以鼓励用户进行数字创造，力求在元宇宙中实现共同富裕的目标。

◆ 规则治理的原则与方法

当前，元宇宙数字空间是一个全新的未知世界，等待着人们去发现和开拓，这犹如 500 多年前大航海时期的地理大发现那样波澜壮阔。早期的互联网中，少数技术专家和技术爱好者是互联网的早期开拓者。那时的网络世界中，人们崇尚自由，不在乎身份，像一个乌托邦，充满个人主义和自由主义，互联网先驱约翰·佩里·巴洛（John Perry Barlow）在 1996 年发表的《数字空间独立宣言》（也译作《网络空间独立宣言》或《赛博空间独立宣言》等）中强调，互联网是不属于任何国家的自由世界，物理空间的法则无法也不能管制互联网。互联网需要制定自己的社会契约，以确定如何根据独特的法则进行治理。但资本推动下的 Web 2.0 造成了巴洛的理想破灭。

随着数字空间与物理空间的经济社会深度锚定融合，网络也逐步从丛林世界变成秩序社会。全球最负盛名的网络法律专家、哈佛大学法学院教授劳伦斯·莱斯格（Lawrence Lessig）在其经典名著《代码：塑造网络空间的法律》中谈道，网络空间并非一个超越规管的自由区域，其本质是代码，所谓的网络自由只是一种假象。互联网正由一个自由主义的乌托邦变为一个被资本利益控制的商业名利场，也可以成为政府治理的工具。他提出，元宇宙治理应基于完善的规则体系，这具有鲜明的工具理性特征。基于规则的治理的优势在于公正和透明，治理主体只要完成合规性要求即可。这里说的规则是广义上的法律和政策，涵盖战略规划、决策程序、法律法规、规章制度、标准规范等。

从规则治理的角度看，元宇宙数字空间有以下三方面的显著特征。

第一，元宇宙的体系架构和治理规则都是去中心化的。在现实世界，规则都是由中心化组织制定，还经常随意修改，这就削弱了规则的公信力。而元宇宙是一个现实与虚拟融合的世界，具有开放、平等的特点，任意节点都相互连通，没有中心化控制组织，而是基于去中心化自治规则和机制，其规则制定和修改都是基于广泛的共识机制。

元宇宙中的规则治理将以多元共治为主，也就是说，元宇宙的各种规则都是由其中的所有参与者共同制定、共同修订和共同完善。不同参与者从不同的维度与视角，发挥着自己独特的作用，其特点是具有高度的自适性。

正如凯文·凯利在《失控》一书中描述的那样，将群体放在一个自然环境中，并非所有事情和规则都制定好，而是只制定一些不能做的基本规则。除此之外，没有限制。这以后如何演变，我们无法掌控和预测。面对大型任务，我们需要通过"去中心化"，并借助"最少的规则"来完成。无为而治，自然而然，将是元宇宙规则治理的一项重要原则。

第二，元宇宙及其规则是技术导向的。数字空间以信息和数字技术为基础，其治理规则显然应以技术为基础。有人提出"代码即法律"，强调了技术规则不以人的意志为转移。元宇宙规则或相关法律的制定或许不仅需要法学专家，还需要通晓技术的专家。

元宇宙中规则的执行实施通常采用智能合约，其特点是合同条款和执行机制都是透明的，一旦签署，合约就自动执行，人工无法介入，也无须监督，这体现了元宇宙规则的客观性和公正性。去中心化自治组织（DAO）将以社区通证投票为手段，达成共识，并利用 NFT 保护个人数字资产权益。

第三，元宇宙的规则还要具有超国家特性。元宇宙是一个广阔的数字空间，人与人之间的关联不再局限于现实世界的时间或空间，人们可自主关注其他人，或通过网络屏蔽其他人，还可以自由互动。由于没有了物理边境，网络犯罪也往往是跨国作案。因此，元宇宙规则治理需要国际间的密切合作与协调，各国需要积极参与国际规则的制定。

在元宇宙中，除了虚拟世界的规则，同样需要现实世界的法律规则。比如说，一个人在元宇宙中违法犯罪，侵犯别人权益，其数字身份和数字分身首要受到限制或惩罚，同时还需要诉诸现实世界中的法律，对其行为依法进行惩处。

✦ 元宇宙治理规则框架

元宇宙的治理规则不能是一堆零散的规范，而是按照其特点和需求，制定一个完善的规则框架。图 8-1 是我们设计的一个元宇宙规则治理的框架体系，仅供参考。

人是元宇宙的主体，元宇宙的数据都是人们行为和活动的结果，因而人及其身份是元宇宙社区治理的关键要素。

元宇宙首先要制定数字身份相关的技术和管理规则，包括去中心化条件下的身份注册、身份信息的真实性认证、身份的注销和暂停使用等。

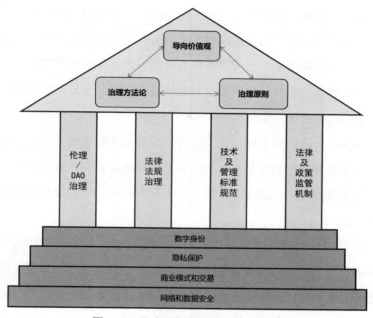

图 8-1　元宇宙规则治理的框架体系

其次是个人数据和隐私保护规则。在元宇宙中，用户需要使用各类沉浸式 XR（扩展现实）头盔或眼镜，还有形形色色的可穿戴设备、智能家居设备等，全面记录用户的各种数据，包括生物识别信息、行为习惯、医疗健康信息等，从而可在虚拟空间构建与用户高度相似的数字孪生，也就是数字分身或虚拟数字人。这将涉及更多的伦理或法律问题，比如人格权、肖像权、隐私权等，它们将比在传统互联网中的大数据更为敏感，影响范围也更为广泛，现有伦理规范和法律需要调整或修订。

对个人隐私数据的保护还可以诉诸技术手段，比如采用加密的 P2P 通信网络，将数据以分布方式保存。在数据开发利用中，对数据脱敏，或采用隐私保护计算等技术，让数据可用不可见，比如多方计算、联邦计算等。这些都需要统一的标准规范，确保数据安全。

最后是商业模式和交易规则。元宇宙的很多倡导者声称，区块链可以打破互联网垄断，让用户掌控自己的资产，保护用户权益。但现实是，区块链效率低，成本和交易费用高昂，任何交易都要付费，这种商业模式显然难以推广。

解决这一问题的关键是建立合理的商业模式和规则，将用户数据的授权和开发利用结合起来，利用大数据分析发掘用户数据的价值，这不仅可能降低用户的成本，还可能为用户提供一定的服务或折扣，实现双赢。

元宇宙还需要规范 NFT 的交易和利益分配机制。传统 Web 2.0 时代，基本都是平台和机构赢者通吃，创作者处于弱势地位。为鼓励元宇宙的创新，保护创作者的权益，应该在元宇宙中制定 NFT 知识产权保护规则和机制、个人数字资产的保护规则等。同时，还要采取有效措施，避免恶意炒作或作为洗钱、金融诈骗的工具，包括交易争议处理，违规违法行为的处罚等。

元宇宙是现实和虚拟平行运作的经济社会系统，在 Roblox 定义的元宇宙八大特征要素中，文明或礼仪是其中一项重要内容，这对应着人们在现实世界中的一系列社交礼仪和行为规范。数字礼仪与现实社会没有太大差别，但还是有一些特色，比如在合适的情境中使用数字技术，如特殊的表情包、缩略词、谐音、象征性符号，都是网络社交话语表达的常见形式。在元宇宙社区中，还应遵守社区自治规则，尊重他人，不进行网络凌霸、不发布煽动性语言，应用数字技术时使其消极影响最小化等。

元宇宙的应用模式和场景往往具有高度的沉浸感，这对用户来说是一种便利，但也可能让用户对虚拟世界产生过度依赖，从而产生不良的社会影响，也就是通常所说的"网瘾"，比如学生有可能荒废学业，还有可能让用户对现实世界产生隔离感，引起很多心理或生理健康问题。为此，需要针对元宇宙服务提供者制定规范，从产品设计到最终使用，都具有一定的防沉迷机制。

人工智能是元宇宙的重要技术手段，它可以在很多方面为用户提供便利和帮助，但如何应用人工智能至关重要。很多科幻电影都描绘了机器人觉醒自我意识来反抗人类，甚至推翻人类文明。尽管目前的技术还很难达到这一阶段，但别有用心的个人或机构很有可能会利用人工智能歧视用户或损害用户权益。因此，对于元宇宙来说，研究制定专门的人工智能研发和应用规则或规范，其重要性并不比技术本身低。

网络和数据的安全防护规则是元宇宙信任治理的基础保障，主要基于互联网的安全规则，比如技术及管理标准、法律法规等制定。目前国际及国内的标准化组织已经制定了完整的互联网技术及管理标准体系，但对于区块链、智能合约的安全及监管标准几乎还是空白，特别是关于数字货币、NFT 和去中心化身份等相关的安全标准，亟须制定和完善。

元宇宙与现实世界是同步关联的，并与用户交互联动，因此元宇宙的治理规则还需要与现实世界的法制理念接轨，并得到全球监管机构的认可。这些规则要合乎现实世界的法律法规和政策，还要在政府部门的监管之下，保障安全合法运营。另外，由于元宇宙具有超地域、超国家性质，其法治规则还需要各国的共同参与，进行国家间的合作。

从伦理规范到
去中心化治理

◆ 元宇宙空间的伦理治理

德国哲学家尤尔根·哈贝马斯认为，技术带来的挑战不可能仅用技术来应对，还需要诉诸伦理、道德、责任等构建的预防机制，从更深的层次上控制技术发展可能带来的风险。伦理既涵盖风俗和习惯，还包括道德和品格。伦理规范通常不是由国家强行执行的，而是在社会活动中以善恶为标准，依靠人们的内心信念和特殊社会手段维系。从历史发展看，法律也是从伦理中逐步分离出来的。

伦理学是一个哲学分支，主要研究伦理原理和普遍规则，探讨哪些事应该被鼓励和赞美，哪些事应该被谴责。

计算机伦理学出现于 20 世纪 70 年代中期，美国伦理学家曼纳（Maner）先提出并使用"计算机伦理学"这一术语，并将其定义为应用伦理学的一个分支。

计算机伦理主要规范计算机开发及应用的相关人员，美国计算机伦理协会于 1992 年以《圣经·旧约》中的"摩西十诫"风格制定了计算机伦理价值观和基本道德准则，即所谓的"计算机伦理十诫"，内容如下：

·你不应该用计算机去伤害他人；

·你不应该去影响他人计算机的工作；

·你不应该到他人的计算机文件里去窥探；

· 你不应该到他人的计算机里去盗窃；

· 你不应该用计算机去做伪证；

· 你不应该拷贝或使用你没有购买的软件；

· 你不应该使用他人的计算机资源，除非你得到了准许或给予了补偿；

· 你不应该剽窃他人的精神产品；

· 你应该意识到你所写的程序和你所设计的系统的社会效应；

· 你应该始终牢记，你使用计算机时是在进一步加强你对人类同胞的理解与尊敬。

"计算机伦理十诫"主要强调"不应"做什么。美国计算机协会则从"应该"做什么的角度规范软件工程师（及 IT 从业人员）的职业行为，这就是《计算机伦理与职业行为准则》，其中的基本伦理规则如下：

· 为人类社会的美好生活做贡献；

· 避免伤害其他人；

· 诚实可信；

· 恪守公正，在行为上无歧视；

· 尊重包括版权和专利在内的财产权；

· 对智力财产赋予必要的信用；

· 尊重其他人的隐私；

· 保守机密。

1999 年，电气与电子工程师协会和美国计算机协会从角色－行为角度，制定了《软件工程师职业道德规范》，主要按照议题规范软件工程师的职业行为，规定了公众利益、客户与雇主利益、产品的专业标准、职业判断的独立性、管理方式、职业声誉、同事关系、自我修养等 8 个方面的道德准则，该规范包括简明版和完整版两个版本。

随着互联网的发展，互联网伦理越来越受到重视，以构建网络空间的基本行为准则，指明道德是非，规范网络行为。互联网伦理涉及网络个人隐私、网络及信息安全、网络知识产权和数字版权，还有网络营销模式、信息泛滥及审查过滤、数字鸿沟等问题。

随着互联网对经济社会的影响加深，互联网伦理成为数字社会及身份治理的核心。当前互联网伦理缺乏共识标准，公平、公正、参与以及可持续性等基本价值没有得到足够重视，伦理责任尚未得到普遍重视。脸书、谷歌、推特等网络巨头都宣称遵守伦理标准和企业社会责任，但屡见不鲜的大数据杀熟、算法歧视，反映了互联网商业伦理的缺失。自媒体兴起后，很多自媒体夸大其词，雇佣"水军"传播虚假信息或谣言，还有很多人在网上利用"人肉搜索"侵犯个人隐私，发起凌霸骂战，这些都是缺乏互联网伦理和礼仪的行为。

互联网伦理是很多国际组织关注的重点，主要体现在各种互联网治理的宣言、纲要和框架中。2013 年 12 月，来自 176 个国家的代表在日内瓦召开信息社会世界峰会，会议通过了《原则声明》和《行动计划》。《原则声明》提出处理好信息社会的伦理问题，确保每个人都能从信息和通信技术带来的机遇中受益，建设包容性信息社会，强调伦理对信息社会的重要意义，呼吁各方为此采取适当行动和预防措施。《行动计划》提出了应采取的行动和措施，呼吁人们遵守普遍接受的价值观，并继续对伦理问题进行研究。

在互联网时代，不少人都沉迷于网络和游戏，特别是青少年，过度沉迷网络既荒废了学业，还严重影响生活，也就是所谓的"网瘾"。10多年前，国内甚至出现了专门的网瘾戒治中心，其创始人杨永信是山东临沂的一名医生，当时因宣称能帮助青少年戒掉网瘾，名噪一时，成为很多家长心目中的"救世主"。但实际上他采取了很多偏激和暴力手段，如电击疗法、非法拘禁和殴打，甚至对待孕妇也毫不手软，这些极端方法已触犯了法律底线。

元宇宙强调沉浸感、临场感，这其实与沉迷或成瘾没有明确界限。可以预见，网络和游戏成瘾问题在元宇宙中同样会出现。在元宇宙，如何解决沉浸与沉迷的冲突关系是一项重大挑战。为此，我们需要制定元宇宙防沉迷相关的伦理规范，通过对元宇宙的服务或产品提供者施加适当约束，尽量减少其负面效应。

元宇宙的伦理规范的第一个原则应该是"不作恶"。互联网平台、软硬件设备供应商等，都应该采取技术手段和监管措施，尽量消除网络对人的身体和心理的伤害或负面影响。

元宇宙伦理规范的第二个原则是"消除恶"。当前，互联网上的各种网络诈骗、购物陷阱、健康误导层出不穷，这通常会给用户带来重大财产损失。网络服务提供商应该从源头上遏制各种陷阱、骗局，消除其产生的环境和土壤。

元宇宙伦理规范的第三个原则是"科技向善"，比如服务提供商在设计面向青少年的产品或服务时，可将各种学科知识融汇其中，寓教于乐；金融机构可基于普惠原则构建去中心化的元宇宙金融体系，降低金融服务使用的门槛，弥合数字鸿沟；利用人工智能和人机协作机制，创造新型就业岗位，促进就业的结构性变革；通过创新数据授权和隐私保护计算方法，在促进用户数据价值开发的同时，保护个人隐私，促进数据价值的合理分配等。

人工智能是发展元宇宙的关键技术之一，它威力巨大，可以完成很多人们难以完成的任务，但如果使用不当，也会产生巨大风险，因此需要建立人工智能伦理规范。人工智能技术发展迭代快，制定强制性法律赶不上技术发展的步伐，而伦理规范是动态的，因此，各国大多采取出台计算机伦理框架及指南等方法解决相应问题。2019 年 4 月，欧盟发布了人工智能伦理指南，提出了人工智能伦理框架，包括四项伦理准则：尊重人的自主权、免受伤害、公平、可解释性。美国也发布了人工智能应用监管相关的指南，提出"轻监管"模式，即强调标准、指南等柔性监管举措，并配合监管沙盒、避风港等监管科技手段解决问题。

很多人将元宇宙与"脑机接口"相提并论。这一技术可以让人脑直接与计算机网络系统进行交互和反馈，不必使用 VR/AR 设备，具有广阔的应用前景。

脑机接口技术有两种类型，一种是利用合成信号刺激大脑，生成各种感官反馈，比如视觉、听觉、触觉等，即输入式脑机接口，它可以将电脑合成的图像或声音等信息，直接传输到人脑中枢；另一种是利用大脑神经中枢信号，输出控制信息，即输出式脑机接口，也称意念控制。脑机接口是当前最为理想的人机交互方式。

尽管脑机接口对于元宇宙交互来说优势巨大，但其挑战与风险也很严峻，特别是在伦理方面，很多专家认为这将打开人类的"潘多拉盒子"，可能产生严重的负面影响。

在元宇宙中广泛使用脑机接口的伦理挑战是多方面的，首要挑战是如何保护隐私。前几年蓬勃发展的大数据技术，现在已经成为偷窥人们隐私的主要手段。很多国家已经通过立法手段保护个人隐私和权益，而脑机接口可以直接读取人脑中的各种想法和意念，这将攻破人类隐私的最后堡垒，一旦被别有用心的人或组织利用，不仅可能滥用人脑数据，还可能篡改数据，其后果之严重，将很难估量。

脑机接口技术还有更深层的伦理挑战，比如说人脑与机器双向互通，究竟是人脑在控制电脑，还是电脑在控制人脑？人的自由意志会被消除吗？更可怕的是，如果有人通过脑机接口技术，在人脑中植入像木马那样的病毒，这些人就可能成为被操控的"僵尸"，任人摆布，这将对整个人类文明构成极大威胁。

在可预见的未来，脑机接口技术很难在元宇宙或互联网中被普遍使用，这不仅有技术原因，更重要的是医学和伦理原因。目前对脑机接口技术的研究都还是以医学的名义，用于瘫痪、伤残人士的临床治疗和能力增强，如人工耳蜗、双向肌电假肢、点阵输入视觉信号等。在元宇宙中夸大脑机接口技术的广泛使用，将在公众中引起混乱和恐慌，不利于元宇宙的发展。

◆ 元宇宙的去中心化自治组织（DAO）治理

伦理规范要落地实施，就需要建立有效的实施和执行机制，即基于伦理原则，综合考虑各参与方和相关方的权益，构建信任生态体系，实现协同共治。在传统互联网治理中，可通过设置伦理委员会，针对相关的伦理问题进行全面评估，将伦理规范转换成行业自律规范、企业规章制度或工作指南，建立伦理治理体系。这些策略和机制本质上还是脱胎于现实社会的伦理治理。

在元宇宙中，伦理规范实施将采用新模式和新方法，比如去中心化自治组织（DAO），它最早出现在以太坊网络中。维塔利克·布特林提出了DAO的概念，并定义了DAO的三个关键维度：自治为主，人治为辅，且拥有内部资本。DAO被认为是人类协作模式上的变革性创新。

DAO是一种理想的基于技术的治理方式，使用分布式模型实现网络中每个节点的自我认证。DAO的思想起源可追溯到1620年驶往北美的"五月花号"航船上英国清教徒签署的《五月花号公约》（简称《公约》）。他们不堪忍受英国统治者的宗教迫害，转而跨过大西洋，到美洲去开辟新生活。当时，他们签署《公约》就是为了增强信仰，共同开发和建设新家园。《公约》基于上帝和移民个体之间的恩典契约思想，并将恩典契约扩展为社会契约，以此来治理刚建立的自治团体。

DAO本质上也体现了这种社会契约精神，它利用技术手段，确立了个体之间的点对点信任关系基本准则。与现实世界的金字塔式的组织架构不同的是，DAO采用扁平化的去中心组织架构，治理模式由层级式转变成高度自治的社区自治。

如果说公司制是大航海时代的组织模式，那么DAO就是元宇宙中的组织形态。对于商业组织，这种治理模式可被称为DAC（去中心化自治公司）。随着DAO和DAC的发展与成熟，整个社会最终会形成去中心化自治社会，这将是一种新的人类组织形态革命。

共识机制是DAO规则治理的基础和核心，可有效解决元宇宙的信任治理问题。DAO运行通常由共识形成规则，并将规则转化为程序化的智能合约，以实现规则执行的自动化，不受人为干预，即所谓的"代码即法律"。DAO 程序化合约规则规定了参与者的各种权利、义务和行为后果，使参与者在参与过程中有规则可依，以防止混乱。

DAO 以建立在区块链上的智能合约为信任基础，即运行规则的算法程序都记录在链上，对所有参与者都是公开透明的，无法随意篡改，执行也是自动的，这可能可以从根本上避免传统治理中的贪污受贿、暗箱操作等行为。同时，这些数据采用加密算法进行加密，保证了链上数据的完整性、安全性和保密性。

DAO 作为元宇宙的组织治理模式，不受地理位置或司法辖区的限制，而是将世界各地有共同目标和信仰的人连接起来，构建 DAO 社区，以便合作共事。社区成员通常是优势互补、合作共赢，遵循平等、自愿、互惠、互利的原则，其中的每个人分工明确，各司其职。组织节点利用其资源禀赋，基于自身的资源优势和能力资质，在共识和激励机制下实现开放的协作，以产生强大的协作效应。

DAO 的运转和决策方式与当前的商业组织有很大不同。DAO 不是由某个中心化权力机构（如董事会、委员会等）掌权，也没有经理或管理人员，大家权利平等，那么谁在决策中说了算呢？答案是通过共识、算法或程序来进行决策和管理事务，所有决策都需要参与者达成共识才能实施，提案与投票是最常用的方式。

社区及规则建立后，DAO 社区就不再需要人为干预管理，即使是发起者或开发者也无法独自掌控，而是基于 DAO 通证，任何持有 DAO 社区通证的参与者都有发言权和决策权。

组织机构的运营需要治理和资金，募资是组织创建和运营的必需环节。传统公司的募资多采用股份制，即按照出资人出资的不同，持有公司的不同数量的股份，传统公司的决策一般按照出资人的持股比例来划分权重；而 DAO 的募资需要设置一个公共账户，通证（Token）代表治理权益，通证持有者可以投票决定开发者是否应该推进某项提案。在 DAO 社区，更多的通证意味着更多的投票权。

通证是参与 DAO 社区治理权益的证明，它与货币类似，可以自由流通，就像转账一样，既方便又快捷。通证分配基于多劳多得的原则，社区成员只要完成自己分内的工作，智能合约就自动分发相应数量的通证，省去了传统公司财务申报、工作绩效认定等人工审核环节。

由此可见，DAO 实际上是将所有权、治理权和分红权进行分离，使其相互制衡。这种治理方式的优势是，所有治理环节都是基于一致性规则，所有人都按照约定规则办事，且规则及执行都开放、透明，既不能被篡改，也无法抵赖，避免了幕后交易和徇私舞弊，同时沟通成本和管理成本也大大减少。另外，DAO 采用扁平式架构，没有层级，没有独裁，体现了公平和公正的原则，这是元宇宙和 DAO 运营的底层逻辑。

从广泛意义上讲，治理体系通常包括制度和章程。这其中，制度是规范人类行为的一种稳定模式。在现实社会，很多都是制度，比如市场、合同、司法等，程序代码也可以规范人类行为，也属于制度。DAO 既是一种网络社会组织，也是一种计算制度，它利用一系列智能合约促进治理。社区成员可以遵守智能合约，也可以按照社区的集体共识修改合约。

DAO 在链上（或链外）的规则体系、智能合约和决策过程都由章程描述，章程是构成组织集体决策过程的一组价值观和规则，是一种参与契约，它的形式可以是文档或说明，包含行为准则，通常由固定职位的人员撰写。章程对 DAO 社区的作用就像一个国家的宪法，它是社区共同身份和价值观的基础，社区成员必须遵守组织章程。

DAO 章程规定了 DAO 社区的共同信念、共同目标，以及社区管理制度决策过程的价值观，还必须有 DAO 治理及提案流程，包含的角色及其权利，行使和修改这些权利的条件，以及提案从开始到实施的所有相关步骤、职责和要求，这些都是强制性内容。DAO 章程还可以包括设置新的监督机构，制定社区准则或议事规则，规定社区参与者期望的行为，以及要防止的违规行为。

在 DAO 社区中，章程可以是一个中心化文档，或者是去中心化的多个文档，也可以是通过程序代码实现的计算章程，这也是章程的重要形式。计算章程是章程的一部分，不能完全替代章程。

DAO 章程为参与者提供定制、全面和结构化的规范，便于他们轻松了解如何参与 DAO 治理。当前，困扰 DAO 社区的一个难题是，很多参与者积极性不高。因此，章程应能够评估其成员的需求，公平地激励优秀的贡献者，设计更有效的激励机制。这不仅需要考虑持有大量通证的积极参与者的权益，更重要的是如何激励通证持有不多的参与者。

另外，元宇宙仍可能是一个丛林世界，而 DAO 社区往往有大量募资，竞争对手可能会做出破坏社区、制造混乱的恶意行为。为此，DAO 章程的设计应像攻击者一样思考问题，应对各种最坏的情况，设想攻击者可能会以何种方式扰乱社区治理，使社区免受不当更改、恶意攻击和恶意收购。

在实际中，"代码即法律"还只是一种理想状态，智能合约代码可能出现错误（BUG），人们的需求也可能改变。尽管 DAO 强调自治，实现自动化运转和自演进，但目前 DAO 治理除了分发通证环节之外，大部分治理还需要人的参与，进行链上与链下的协同治理。

从法律法规治理
到监管执行

与现实世界类似，元宇宙中的伦理和自治无法治理各种严重的违法犯罪，这些都要通过现实世界的立法、监管来对元宇宙进行治理。

元宇宙的法律法规治理

元宇宙的立法要植根于现实世界和传统互联网的法律法规。我们从两个维度来探讨法律法规的治理问题，一是立法方式，二是规制内容。

在立法方式上，可分为三种方式，一是通过现有的法律机制来解决，这种方式最为简单；二是需要对现有法律文件进行修改调整，法律的框架通常不需要做大的变动，主要是修改或扩展部分适用条款；三是重新订立新的法律法规。元宇宙将对生产力和生产要素产生重大影响，未来可能还会出现很多创新的生产方式，比如用户创造内容、NFT 和虚拟人等，这些在传统互联网中已经萌芽，但在元宇宙中，将成为普遍现象。在元宇宙中，用户创造数字内容的资产权益如何界定，NFT 如何避免沦为洗钱的渠道等，都需要从技术本质出发，进行立法。

元宇宙作为新一代互联网，《网络安全法》同样适用。我国的《网络安全法》明确提出，要保障关键信息基础设施的安全，加强对个人和企业的权益保护，以及维护国家安全和社会公共利益，同时要求建立网络安全等级保护制度，以对网络和信息平台实行等级保护。

当然，元宇宙中还包括点对点（P2P）网络、区块链设施等，它们与传统网络有明显的不同。比如说，区块链通常采用共识机制进行集体维护，参与角色众多，分工很细，很难确定安全责任方。因此，未来元宇宙的《网络安全法》需要针对这些问题，采用技术和管理手段进行综合治理。

对于电商平台来说，大数据分析与精准推荐发挥了至关重要的作用，但这也引发了严重的数据滥用和数据泄露问题，很多国家都出台了数据安全的相关法律。元宇宙与现实世界的政治、经济的联系更为紧密，很多关键数据都将存储在区块链上，通过 P2P 网络传输，并采用非对称加密算法对传输数据进行加密保护，第三方很难破解数据加密逻辑。这固然能够保障安全，但也让很多违法违规行为找不到当事人，难以查处，对数据监管构成了挑战。

元宇宙服务对数据的使用天然具有跨国家特征，数据跨境交互也更为频繁，而这必然涉及不同国家法律体系的兼容和对接问题，如何对跨境数据进行治理和监管是一项复杂的任务。

个人数据保护的立法对元宇宙来说至关重要。很多国家都制定了个人数据保护法，在元宇宙时代，个人信息的采集更为普遍。数字分身、虚拟人，以及人工智能等，都需要采集大量的个人隐私信息，特别是个人的生物特征信息，面临着更大的风险。另外，区块链、NFT 强调流程透明，这也与个人隐私保护存在一定的矛盾和冲突。因此，如何修订《个人信息保护法》，使其适应元宇宙的应用场景，也是构建元宇宙的重要前提。

数字身份的实施也需要通过立法方式来推进。从 20 世纪 80 年代开始，我国就已经普遍实施了身份证制度，数字身份证的研制和推广也已经有十多年时间，但进展并不显著。2022 年 2 月 22 日，国务院办公厅印发《关于加快推进电子证照扩大应用领域和全国互通互认的意见》，以推动电子证照在更多领域的应用并实现全国互通互认。随后李克强总理在两会期间表示，2022 年，政府要大力推进身份证电子化。不过，当前我国的数字身份还没有明确的法律地位，进一步修订《中华人民共和国居民身份证法》，使之适应数字时代乃至元宇宙的需求，是当前的一项重要任务。

元宇宙有独立的经济体系，这就需要通过立法对数字经济进行治理。我国已出台了《中华人民共和国反垄断法》和一系列金融、财税相关的法律政策，内容涉及数字经济的反垄断规制、风险防控、网络犯罪打击等内容，特别是 2020 年 11 月国家市场监督管理总局发布的《关于平台经济领域的反垄断指南（征求意见稿）》，为网络平台反垄断提供了监管指南。

在数字经济治理方面，欧盟不遗余力地争夺数字市场规则的制定权和话语权。2020 年 12 月，欧盟委员会推出了《数字服务法案》和《数字市场法案》这两项提案，以监管手段来打击网络服务平台上的非法内容、商品和服务，打破互联网巨头的垄断地位，促进欧洲的数字创新及经济发展。这两项法案构成了欧盟数字经济监管的法律框架。

在规制内容上，需要对元宇宙中的知识产权及数字资产权进行规制和风险管控。元宇宙的经济系统与现实世界将紧密关联，主权数字货币将与现实中的现金完全等同，同样地，数字身份、虚拟偶像、虚拟房地产、数字创作内容将日益普及，它们将具有更为复杂的全新特性，比如 NFT，涉及知识产权、数字产权、商业模式乃至税收模式等。而参与者不仅有用户和网络平台，还有素材和工具所有者，关系非常复杂。这些都需要专门的法律对其进行规制。

✦ 元宇宙的监管治理及执行机制

在现实社会，法律法规需要由国家机器保障其实施，比如司法机构对违法行为进行裁定判决，执法机构则负责法律的执行。元宇宙的法律施行在很大程度上可交由区块链基础设施，法律条款可通过智能合约自动履行，任何一方都无法篡改合约。违法行为要么无法实施，要么在违法瞬间就被告警或禁止，或者由合约算法自动对其数字分身进行处罚，这其中没有人为因素的干预。法律及行为规范的智能合约化将是元宇宙经济社会的重要特征和常态。

智能合约不可篡改并不意味着它就一定值得信任。以太坊上的智能合约秉承"代码就是法律"，即使人们发现合约代码存在缺陷或欺诈，智能合约也必须执行下去，这显然是走向了一个极端。另外，当前的智能合约并非通常所说的法律合约，并不具备法律上的权利和义务。

为了解决智能合约的法律地位问题，国际金融组织在 2018 年发布报告，提出将法律效力引入智能合约中，也就是所谓的智能法律合约。智能法律合约强调法律合规，在执行的交易合约中嵌入相关法律条款。美国的 R3 公司的 Corda 是一个"受区块链启发的"分布式账本平台，其智能合约不仅包括程序代码，还有相对应的法律文本，它们一起作为交易状态附件共同存证。在交易执行中，法律文本的法律效力更强，如果智能合约程序代码与合约的法律文本有冲突，将被明确认定为程序设计缺陷。

Corda 平台基于许可准入式的区块链网络，也就是联盟链，其中参与达成共识的成员称为公证人，所有公证人组成公证人群，负责平台的维护和决策。Corda 平台主要以提供金融服务为主，已经得到了很多国家的认可，瑞典、瑞士、泰国、委内瑞拉等国央行的数字货币技术测试和概念验证都基于 Corda 平台。

智能法律合约的一个重要问题是语言规范及其实施。通常计算机中的形式化语言都未考虑到法律合规问题，再严谨的智能合约代码也无法确保所开发的合约代码与法律语言能够完全一致。Accord（意为"协约"）项目是基于 Corda 平台的智能法律合约语言规范及实施参考，这是由思科、微软、甲骨文、英国电信、GitHub 等 34 家厂商共同参与的项目，现由 Linux 基金会托管。Accord 项目是一个非营利的、多方协作的开源项目，旨在开发一个专门适用于智能法律合约的生态系统和开发工具。Accord 项目包括形式化合规语言和模板，并落地在计算机语言和验证方法上，将计算机程序和法律语言结合起来，这相当于为区块链用户开发了法律合同模板，并保持技术中立。Accord 体系包括：编程语言 Ergo、数据建模工具 Concerto 和合同模板 Cicero，它们构成了智能法律合约的法律和技术基础，可大大减少数字商业关系中的摩擦和交易成本。

智能合约同样也需要监管。早期的智能合约崇尚完全的去中心化，不依赖任何中间机构，还刻意强调抗监管能力，以逃避监管。为此，美国商品期货交易委员会（CFTC）认为，智能合约的使用者不仅有合法的商业参与者，还可能有形形色色的黑客、小偷，因此，政府监管部门、警察应该积极利用和监管智能合约，并且这些监管活动还应该是嵌入式、自动报告式的。2018 年，CFTC 在其报告《智能合约入门》中提出，交易和监管是智能合约的两大功能，需要同时进行。

嵌入式监管将是智能合约的一次重大变革。这就要求相应的区块链设施内置监管接口，以便监管部门的机器人程序对特定的违法违规行为进行汇聚和分析，并记录相关的参与者和路径，便于对交易过程进行跟踪溯源，保证交易的完整性和一致性。不过，当前的比特币、以太坊、超级账本的智能合约都还没有这些功能，如何对未来的智能合约实施嵌入式监管，将是智能合约治理面临的重大挑战。

另外，智能合约的监管还可引进类似跨链网络 Polkadot 中的"钓鱼人"角色，他们只要及时举报并证明至少一个有抵押的参与方存在非法行为，就能获得奖励，就像现实中独立的"赏金猎人"那样。正是由于钓鱼人的存在，Polkadot 网络中的恶意行为才能得到遏制。

技术协议与
标准规范治理

 网络通信标准及协议

网络通信标准是互联网的基础。从 20 世纪 70 年代的 TCP/IP 协议开始，互联网通信就在不断制定标准协议，其中的通信及安全相关标准对于互联网的信任治理至关重要。

19 世纪 80 年代，英国科学家蒂姆·伯纳斯·李提出了万维网技术架构及相关的标准协议。这其中最关键的标准有超文本标记语言

（HTML），可通过网络传输由文本、图像、视频和二进制文件等构成的文档或 Web 页面；超文本传输协议（HTTP）将 Web 页面传输到本地；统一资源定位符（URL）可以标识文档域名位置，而域名系统 DNS 将 URL 转化为具体的 IP 地址，把所有这些标准协议组合起来，就构成了一个分布式的协作型超媒体网络信息系统，它们奠定了互联网开放的基石。

20 世纪 90 年代是万维网通信标准协议形成并发展的关键时期。1990 年问世的 HTTP/0.9 仅支持一种简单的 GET 操作，相应的 HTML 1.0 也很不成熟。1996 年 5 月，超文本传输协议 HTTP/1.0 正式发布，这是第一个具备完整功能的万维网通信标准协议。HTTP/1.0 没有充分考虑到分层代理和缓存，以及持久连接和虚拟主机等需求的影响，于是在 1999 年推出 HTTP/1.1，也就是 RFC2616 标准协议，以严格和可靠著称，且应用广泛。

HTTP 协议在实现上由两部分构成，即服务器程序和客户程序。HTTP 协议定义了客户程序向服务器请求 Web 页面的交互方式，以及传输数据的结构。但 HTTP 协议为明文传输，所有数据均为可见的，这对于普通的信息服务网站来说问题不大，但对于电子商务网站、金融服务网站、与个人隐私权和财产权相关的网站来说，风险隐患就难以预料。比如，个人账号或交易密码等敏感信息可能被泄露；黑客还有可能在其中插入恶意代码或病毒，对网站实施 DNS 劫持，或冒用合法网站名称进行"钓鱼"诈骗。而普通用户对于这些很难进行准确鉴别。为解决这一问题，网景公司在 1994 年推出了一种超文本传输安全协议 HTTPS，这是构建在 SSL（或 TLS）之上的一种协议。

SSL（安全套接层）是一种安全协议，共发布了三个版本，SSL 1.0、

SSL 2.0、SSL 3.0。HTTPS 采用非对称数据加密算法来保障通信数据包的完整性、机密性和可靠性，其公钥传输使用 SSL 证书，这是一种 PKI 数字证书，基于 SSL 协议，格式上遵循 X.509 标准，通常部署在服务器上，用于对服务器或网站的身份进行认证，确认不是钓鱼网站，因此也被称为 SSL 服务器证书。SSL 证书通常由权威证书颁发机构 CA 颁发。CA 是可信的第三方中介，具有服务器身份验证和数据传输加密等能力。用户需要通过付费方式向 CA 机构申请 SSL 证书，有效期通常为一年到三年，过期需要重新申请。

　　从技术上来说，任何人都可以成为 CA，签发数字证书。但 PKI 证书是关键的信任机制，其重要性不言而喻，因此，CA 机构通常需要认证。WebTrust 认证标准就是由美国注册会计师协会和加拿大注册会计师协会共同制定，其中包含系统及业务运作逻辑的安全性、保密性等七项标准要求。TLS（安全传输层协议）是 SSL 的升级版。1999 年，国际互联网工程任务组 IETF 对 SSL 进行了标准化，成为 TLS 标准协议，现在很多人所说的 SSL，其实就是 TLS。目前，TLS 已经发展了四个版本，分别是 TLS 1.0、TLS 1.1、TLS 1.2 以及 TLS 1.3。

　　2012 年谷歌提出了一种新的通信协议 SPDY，它并非 HTTPS 的替代品，而是在 HTTP 和 SSL 之间增加新的层。SPDY 的最大优势是解决了 HTTP 效率不高的问题，在实验室测试中，页面加载速度比 HTTP/1.1 快了 64%。2015 年，IETF 对 SPDY 协议进行了升级和标准化，形成了 HTTP/2.0，新标准不仅支持 HTTPS，还支持以前版本的 HTTP。目前，HTTP/2.0 已基本取代了 SPDY。苹果公司在 2016 年的苹果全球开发者大会（WWDC）上宣布，强制要求从 2017 年开始，所有 APP 都使用 HTTPS 传输数据。2018 年，IETF 发布 HTTP/3，HTTP/3

是对 HTTP/2.0 的一次重要升级。以前的 HTTP 传输层都采用 TCP 协议，HTTP/3 则以全新的理念重新设计 HTTP，用 QUIC 协议取代 TCP 协议，该协议基于 UDP，既保留了 UDP 传输速度快的优势，又兼具 TCP 的好处。通常的 UDP 数据传输可靠性不高，QUIC 协议中的前向纠错功能，大大提高了数据传输的可靠性。HTTP 协议在传统互联网时代应用广泛，但它使用的是中心化机制，弊端很多，比如依赖中心化服务器、承载压力大、效率低，成本高；一旦文件被删除或服务器关闭，用户就无法访问；容易崩溃、容易被攻击等。

在元宇宙中，网络传输的多为图形图像，数据量巨大，使用 HTTP 将造成数据传输速度缓慢，无法满足低延时的要求。更好的选择是采用星际文件系统（InterPlanetary File System, IPFS）协议，这一名称听起来很炫酷，很适合元宇宙。

IPFS 是一种用于分布式网络的文件共享传输协议。它基于点对点协议网络传输数据，以多源方式来存储和共享文件，可多节点同时下载，节省带宽高达 60%，且使用成本低廉，同时让用户不再依赖主干网，降低因不可抗力造成的服务中断问题。IPFS 具有文件历史版本回溯功能，可保证数据不被篡改，还可保证数字资产的永久性。另外，IPFS 的分布式节点将让互联网更加开放、更加安全，还不易被 DDoS 攻击。

IPFS 的使用方式对用户更为友好。在传统互联网上，要下载一个文件，就必须告诉电脑这个文件所在的 IP 地址或域名，这叫"地址寻址"。如果这个文件被删除，或者所在服务器被关闭，就无法下载它。而 IPFS 使用"内容寻址"，不用告诉电脑去哪里下载文件，每个使用 IPFS 协议的文件内容都有一个 CID（内容标识符），这其实就是文件的自描述数字身份。CID 是怎么获得和使用的呢？在 IPFS 文件体系中，每个文件将会根据内容生成一个唯一的"数字签名或指纹"——哈希值，这可作为 CID。IPFS 系统将其链接在一起，构成有向无环图（DAG）。最后它们转化为分布式哈希表（DHT），就可以保存在分布式账本上，从而实现分布式内容识别和寻址。我们知道, P2P 网络节点越多下载越快，如果没有激励机制，谁愿意贡献如此多的节点和存储呢？为此，IPFS 还设置了一个激励层——Filecoin 协议。

IPFS 是一个分布式文件分发管理系统，有大量资源存储及下载需求；Filecoin 则是一个安全的分布式存储系统，也是基于加密通证激励的云存储网络，它还利用智能合约将云存储服务转变为算法市场，其中"文件币"（代号 FIL）作为连接资源使用者（或用户）和资源提供者（矿工）的桥梁。Filecoin 协议有两种代币交易市场——数据检索和数据存储，双方在市场里发布各自的需求，最后达成交易，完成文件下载。总之，Filecoin 与 IPFS 这两个协议相互促进，互补性很强。

IPFS 的发展势头很快，当前网络上已经存储了几百亿份文件。Filecoin 的全网算力已经突破 10EB[1]，这是非常巨大的数据量，如果用 5G 的理论网速下载，需要 16700 多年才能下载完毕。在安全上，IPFS 做到了零安全事故、零攻击事件、零宕机事故。

IPFS 得到了产业界的普遍关注。谷歌、微软等企业都在布局研发 IPFS 技术，微软的去中心化身份系统 ION（Identity Overlay Network，身份覆盖网络）的交易数据存储在 IPFS 上。国内的阿里巴巴、京东、华为、中科院也建立了 IPFS 技术实验室。

IPFS 宣称要替代 HTTP，但目前来看，问题还很多。它标榜低成本，但 FIL 代币在市场容易被炒作，价格忽高忽低，一枚 FIL 币曾高达 230

---

① EB 是一个数据容量单位，1EB=1024PB = 1024^2TB= 1024^3GB。

美元，这很难说成本低，但价格暴跌又难以吸引矿工，这些都是 IPFS 体系的软肋。但 IPFS 协议可以作为制定未来元宇宙传输协议标准的参考，改进其不足和弊端，建立更适合元宇宙的传输协议。

✦ 数字身份、智能合约及 NFT 标准协议

当前，我国正在大力推进数字身份，有两套实施方案正在试验中，分别是公安部第一研究所（简称公安部一所）的 CTID 和公安部第三研究所（简称公安部三所）的 eID。从方案的技术和管理来看，各自都有自己的特色和优势。如要将其在全国进行普及使用，这两者的关系如何定位和协同，将是一个值得研究的问题。

在两种方案并存的情况下，首先需要解决两种方案的互操作性问题。也就是说，如果用户选择了 eID 身份凭证，他到采用 CTID 的认证服务商那里就不一定会被认可或认证。但如果让用户申请注册两套身份系统，又加重了用户身份凭证的管理和使用负担，不利于普及推广。

制定数字身份相关的国家标准将有助于解决这一问题。公安部三所在 eID 标准制定方面有着独特优势。2018 年 10 月，全国信息安全标准化技术委员会发布了公安部三所申请的 3 项国家标准：GB/T 36629.1—2018《信息安全技术　公民网络电子身份标识安全技术要求第 1 部分：读写机具安全技术要求》，GB/T 36629.2—2018《信息安全技术　公民网络电子身份标识安全技术要求第 2 部分：载体安全技术要求》，GB/T 36632—2018《信息安全技术　公民网络电子身份标识格式规范》。这些标准已于 2019 年 5 月 1 日正式实施。此外，公安部三所还发布了一系列 eID 通信行业标准。公安部一所牵头制定并发布了 CTID 相关标准。2020 年 7 月，公安部发布的《居民身份网络认证》

系列标准，就是由公安部一所牵头的。这套标准属于公安行业推荐标准，包括了 12 项标准文件，内容涵盖了术语、整体技术框架、网络可信凭证和网络标识格式要求、认证服务、信息采集设备等部分。另外，我国还出台了一系列与电子证照相关的国家标准。

无论是 eID 还是 CTID，其技术方案都是基于传统互联网。这些技术标准和规范难以满足元宇宙对数字身份的需求。另外，相关标准都由各自的方案研发者围绕自身的技术方案制定，在实施上都是遵照国家推荐标准或行业标准。

元宇宙采用的去中心化身份，可基于 W3C 等国际标准化组织发布的国际标准规范，制定我国的技术方案和国家标准。目前公安部一所和公安部三所都发布了基于区块链的数字身份白皮书，提出了去中心化数字身份的技术方案。很多企业，如百度、腾讯、蚂蚁集团等，也都在积极研发去中心化身份技术。因此，制定统一的去中心化数字身份国家标准，将有助于数字身份在元宇宙中推广实施。

在元宇宙中，智能合约等也需要标准化。这其中，不仅包括合约的可执行事项，还有签约各方的可信数字签名，以便于智能合约随时随地部署和执行。

经过几百年的发展，现代商业和金融交易都已经形成了大量约定俗成的规则体系，这些交易规则都有标准化格式合同，并且也有标准化的监管流程。这些合同可以作为将来元宇宙商业智能合约的标准化模板的基础。因此，根据不同行业及应用场景，构建标准的合约模板库，是实现元宇宙治理标准化、法制化的重要途径。

NFT 作为数字资产权属证明，是促进元宇宙经济和交易发展的关键。数字身份的可验证凭证本质上也是一种特殊的 NFT。这就需要制定 NFT 标准协议。

NFT 标准协议要想被广泛使用，首先是安全性要得到保障，当前网络和数据安全防护的标准已经相对完备；其次是 NFT 的使用流程应该简单便捷，普通用户无须理解 NFT 基于什么原理或技术，而只需关心"我有哪些资产？我能用它们干什么？可以在哪儿用？"至于它的所有权、流通性、可组合性、价值和稀缺性等，都与现实世界中基本类似，用户无须知道其实现的技术细节。

从技术架构上看，NFT 可分为基础设施层、协议层和应用层。基础设施层主要是指区块链设施，当前 NFT 大多基于以太坊创建，以太坊发布了很多 NFT 协议；在以太坊，协议格式为 ERC（即以太坊通用征求意见协议），它是一种平台标准，也是事实上的行业标准。当前 NFT 标准主要由一系列 ERC 协议来定义，最基础的为 ERC-20，这是通用的通证或代币标准，它定义了在以太坊网络中利用智能合约发布通证的程序。ERC-721 是最早的 NFT 协议，规范了具有"独特性"的数字资产所有权，比如虚拟房地产、数字艺术品或收藏品等。这一标准由加密猫（Crypto Kitties）项目的 CTO Dieter Shirley 创建发布，其特点是，每一种 NFT 通证都需要一个智能合约。

ERC-1155 协议则由游戏公司 Enjin 提出，它允许半同质化 NFT，还允许一个智能合约处理几种类型的 NFT，可同时包含 FT（同质化代币）和 NFT。ERC-998 协议允许"合成"代币，比如在网络游戏中，一个游戏角色的所有权代表一个 NFT，而角色装备的所有权代表另一个 NFT，ERC-998 协议允许用户将二者合成为一个 NFT，构成可组合资产。另外，ERC-1155 协议可使其资产与其他区块链生态系统兼容，实现跨链互操作。

除以太坊外，其他区块链平台，如 EOS、TRON、NEO 等，也有各自的 NFT 规范。比如 Mythical Games 团队制定的 DGoods（Digital Goods，数字物品）协议就是基于 EOS 的跨链标准。Cosmos 项目也在制定一个 NFT 模块，作为 Cosmos SDK 的一部分。

2022 年 1 月，我国科技部下属中国技术市场协会标准化工作委员会联合清华大学 X–LAB 区块链实验室、清华大学经济管理学院区块链金融研究中心、中科院软件所区块链应用实验室等单位，发布团体标准《NFT 平台与产品评测》的征求意见稿，以推动 NFT 在我国的发展与应用。

◆ 隐私保护标准规范

个人数据及隐私保护是信任治理的重要内容。除了法律法规手段之外，标准规范也是重要的保障工具。国际标准化组织制定了一系列相关的标准规范，逐步形成了规范健全的个人数据及隐私保护标准体系，从信息安全技术管理的各层面对个人隐私进行体系化保护。

信息安全管理体系标准《ISO/IEC 27001:2013 信息安全管理标准》规范了如何实施经过独立安全风险评估和认证的信息安全管理体系，并在隐私保护方面提供了部分所需的信息安全控制措施。但如何从 PII（个人身份信息）控制者和 PII 处理者的不同视角来实现和满足不同国家和地区的隐私保护法律法规的要求，该标准并没有提供足够的操作指南。为此《ISO/IEC 27701 —— 隐私信息管理要求和指南》应运而生，将隐私保护的原则、理念和方法融入信息安全保护体系中，再通过扩展要求来增强现有信息安全管理体系，建立并维护隐私信息管理体系。ISO/IEC 27701 通过隐私控制管理指南，降低个人隐私风险，有助于企业实现 GDPR 合规。

由于数字技术和数字经济的超地域或跨国特性，个人身份信息常常需要跨国流动，但不同国家的隐私保护法律法规并不一致。ISO 于 2011 年发布了隐私框架国际标准 ISO/IEC 29100，通过标准规范确保跨国间的个人身份信息传输都能符合彼此的法律要求。标准框架内容包括识别个人身份信息、确定隐私防护要求、隐私策略和隐私控制措施，其中关于隐私原则的内容对于开展隐私管理体系建设具有重要指导意义。此外，ISO 还制定了隐私评估相关标准，给出了隐私影响评估的条件情景及主要步骤，为组织提供了评估其隐私管理能力成熟度的指南。

随着云计算应用的不断普及，大量个人身份信息都已经迁移、存储到了云端。《ISO/IEC 27018:2019 —— 公用云作为保护隐私数据处理者的实践准则》是公有云个人隐私保护的国际标准，标准提供了一套用于公有云中个人身份信息处理者的个人信息保护实用指南，包括控制目标、控制内容以及相应的实施指引，可让云服务供应商的个人身份信息安全控制更加标准化和透明化。

主要参考文献

［1］ALLEN C, BROCK A. Decentralized Public Key Infrastructure (DPKI) v1.0.0 ［R］. Rebooting the Web of Trust, 2015.

［2］ALLESSIE D., SOBOLEWSKI M, VACCARI L, PIGNATELLI F. Blockchain for digital government ［R］. EUR 29677 EN, Publications Office of the European Union, Luxembourg, 2019.

［3］BERG T, et, el. On the Rise of FinTechs: Credit Scoring Using Digital Footprints ［J］. Review of Financial Studies, 2019(9).

［4］BULDAS A, KROONMAA A, LAANOJA R. Keyless Signatures' Infrastructure: How to Build Global Distributed Hash-Trees ［C］. Secure IT Systems, 18th Nordic Conference, Nordsec 2013, Ilulissat, Greenland, 2013.

［5］CASTRO D. Explaining International Leadership: Electronic Identification Systems ［J］. THE INFORMATION TECHNOLOGY & INNOVATION FOUNDATION, 2011(9).

［6］DiNucci D. Fragmented Future ［J］. Print, 1999(11).

［7］European Commission. A roadmap for a pan-European eIDM framework by 2010 ［R/OL］. Brussels: Communication department of the European Commission.

［8］LINDEN G, et al, Amazon.com Recommendations: Item-to-Item Collaborative Filtering［J］. IEEE Internet Computing, 2003:7(1).

［9］MCKNIGHT D H, et al. Trust in a specific technology: an investigation of its components and measures［J］. ACM Transactions on Management Information Systems, 2011:2(2).

［10］NIST SP 800–63–3. Digital Identity Guidelines［S］. 2020

［11］NIST SP 800–207. Zero Trust Architecture［S］. National Institute of Standards and Technology（NIST）, 2020–08–11.

［12］RATNASINGAM P, PAVLOU P. Technology trust in internet-based interorganizational electronic commerce［J］. Journal of Electronic Commerce in Organizations, 2003(1):17–41.

［13］SHAFTO M. et al. Technology Area 11: Modeling, Simulation, Information Technology & Processing Roadmap［J］. NASA Office of Chief Technologist, 2010(11).

［14］TILLEMANN T, Gregori B., Sandman J. The Digital Government Mapping Project: Laying the Foundation for a Digital Decade［R］. New America, 2020.

［15］TOBIN A, REED D. White Paper: The Inevitable Rise of Self-SovereignIdentity. The Sovrin Foundation［R］. (2016–9–29). https://www.evernym.com/wp-content/uploads/2017/07/The-Inevitable-Rise-of-Self-Sovereign-Identity.pdf.

［16］Wu Y, et al. Computer-based personality judgments are more accurate than those made by humans［J］. Proc Natl Acad Sci U S A. 2015 Jan 27;112（4）：1036–1040.

［17］阿里巴巴数据技术及产品部. 大数据之路：阿里巴巴大数据实践［M］. 北京：电子工业出版社，2017.

［18］毕亮亮. 解析世界最大生物识别数据库——印度 Aadhaar 身份识别项目［J］. 全球科技经济瞭望，2015，30（9）：43–45.

［19］蔡维德. 智能合约：重构社会契约［M］. 北京：法律出版社，2020.

［20］曹建峰. 人工智能迫切需要一个"伦理转向"［N］. 光明日报，2021–01–30.

［21］陈月华. 欧盟网络身份管理进展情况及启示［J］. 中国信息安全，2015，62（2）：88–91.

［22］董军，程昊. 大数据时代个人的数字身份及其伦理问题［J］. 自然辩证法研究，2018，34（12）：76–81.

［23］傅建平. 新技术在电子政务中的创新应用及对中国的启示——《2018 联合国电子政务调查报告》解读之五［J］. 行政管理改革，2019，117（5）：59–64.

［24］顾爱华，孙莹. 赋能智慧治理：数字公民的身份建构与价值实现［J］. 理论与改革，2021，240（4）：47–57+154–155.

［25］何颖. 政治学视域下工具理性的功能［J］. 政治学研究，2010，93（4）：91–101.

［26］胡传平，邹翔，杨明慧，严则明. 全球网络身份管理的现

状和发展［M］.北京：人民邮电出版社，2014.

［27］胡传平，陈兵，方滨兴，邹翔.全球主要国家和地区网络电子身份管理发展与应用［J］.中国工程科学，2016，18（6）：99-103.

［28］贾铁军，刘虹.网络安全管理及实用技术［M］.北京：机械工业出版社，2019.

［29］荆继武.网络可信身份管理的现状与趋势［J］.信息安全研究，2016，2（7）：666-668.

［30］李墨涵.抖音算法推荐机制的局限与对策分析［J］.新媒体研究，2019，5（2）：28-29.

［31］李世刚，包丁裕睿.大型数字平台规制的新方向：特别化、前置化、动态化——欧盟《数字市场法（草案）》解析［J］.法学杂志，2021，42（9）：77-96.

［32］刘怀北.浅谈生物特征识别的身份认证技术［J］.海峡科学，2012，70（10）：41-43.

［33］逯峰.整体政府理念下的"数字政府"［J］.中国领导科学，2019，57（6）：56-59.

［34］孟瑞."身份认同"内涵解析及其批评实践考察［D］.杭州：浙江大学，2013.

［35］迈克尔J.奎因.互联网伦理：信息时代的道德重构［M］.王益民，译.北京：电子工业出版社，2016.

［36］上官晓丽.国际身份管理和隐私保护标准研究［J］.信息技

术与标准化，2012，326（Z1）：27–32.

［37］宋宪荣，张猛.网络可信身份认证技术问题研究［J］.网络空间安全.2018，9（3）：69–77.

［38］王荣华，王爽，袁晓波.电子签名的立法比较研究［J］.东北农业大学学报（社会科学版），2006，4（3）：110–112.

［39］王儒西，向安玲.2020—2021年元宇宙发展研究报告［R］.清华大学新媒体研究中心，2021.

［40］王一怀.欧盟与美国的电子签名法述评［J］.惠州学院学报（社会科学版），2004，24（2）：18–23.

［41］王正平.计算机伦理：信息与网络时代的基本道德［J］.道德与文明，2001，20（1）：36–39.

［42］谢康，谢永勤，肖静华.消费者对共享经济平台的技术信任：前因与调节［J］.信息系统学报，2017，19（2）：1–14.

［43］谢宗晓，刘琦.公钥基础设施（PKI）国际标准进展［J］.金融电子化，2018，227（10）：56–58.

［44］杨晶晶，谷立红，田红.信息伦理研究综述［J］.电子政务，2011，103（7）：61–67.

［45］杨新明.我国网络信息伦理危机及对策［J］.科技情报开发与经济，2010，20（13）：88–90.

［46］杨震，张东，李洁，张建雄.工业互联网中的标识解析技术［J］.电信科学，2017，33（11）：134–140.

［47］叶雅珍，刘国华，朱扬勇.数据资产化框架初探［J］.大数据，2020，6（3）：3–12.

［48］张莉.析美国《网络空间可信身份国家战略》［J］.江南社会科学学报，2012，14（4）：6-9.

［49］周彦萍，崔彦军.PMI授权管理系统设计与实现［J］.计算机技术与发展，2012，22（1）：228-232.